오키나와 집밥

하야카와 유키코 글·그림

강인 옮김

사계절

요리를 좋아했던 아버지께,
그리고 오키나와 집밥을 좋아하는 모든 분께.

오키나와 집밥은 안심이 돼.
기다리는 동안에도 맛난 냄새.
함께 만들면 즐겁고
함께 먹으면 맛있지.
오키나와 집밥이라면 말해 뭐해.
오키나와의 햇볕 받고 자란 섬 채소와 바다 먹거리,
몸에도 좋은 '쿠스이문(약이 되는 음식)'.
자연의 은혜에 감사하며, 매일매일 만들어온 집밥은
지혜가 모인 '누치구스이(생명의 약)'.
마음과 몸, 지갑까지 편안하고 따듯해져.
집에서 먹는 오키나와 집밥 최고!

한국어판 저자 서문

《오키나와 집밥》이 한국어로 출판된다는 소식을 듣고 무척 기뻤습니다.

오키나와는 류큐왕국 시대부터 주변 여러 나라와 교류를 해왔고 주로 일본과 중국의 영향을 많이 받았지만, 독자적인 음식 문화를 꽃피웠습니다. 오키나와 방언에 '쿠스이문(약이 되는 음식)'이라는 말이 있듯이 음식은 피와 살이 되고 약이 되기도 한다는 '의식동원(醫食同源)'의 사고가 근저에 흐르고 있습니다.

이 책에서 소개하고 있는 요리는 오키나와의 서민이 일상생활에서 주변 식재료의 특성을 살려 만들어온 가정 요리입니다. 돼지고기를 중심으로 채소, 두부, 해초를 많이 사용하는 것, 다랑어, 돼지고기 등을 넣고 국물을 진하게 우려내는 것, 염분을 적게 하는 것 등이 특징인데 몸에 굉장히 좋습니다.

특별할 것 없는 소박한 요리이지만, 만드는 사람의 지혜와 노하우가 담긴 풍미 깊은 음식입니다. 한국의 가정 요리와도 공통점이 많을 거라고 생각합니다.

아무쪼록 이 책을 읽고 따스하고 풍성한 '집밥'의 세계를 접해보시길 바랍니다. 또한 여러분만의 맛있는 '집밥'을 만드는 즐거움을 만끽해주시면 기쁘겠습니다.

마지막으로 한국어판을 만드느라 애쓰신 사계절출판사 관계자 여러분에게 깊이 감사드립니다.

고맙습니다.

저자 하야카와 유키코

들어가면서

가정의 맛

▶ 오키나와에 막 왔을 때, 처음 본 섬 채소의 수가 많아 얼마나 감동했는지 모릅니다. 당시는 지금보다 섬 채소에 관한 정보도 많지 않아 내 방식대로 조리하다가 실패한 적도 있었지요. 그래서일까요, 연이 닿아 오키나와에 살게 된 김에 마음먹고 오키나와의 향토 음식을 배워서 익히고 싶다는 생각이 들었습니다. 당시 딸아이는 세 살이 채 안 되었고 아들은 한 살도 되기 전이었지요. 다행히 요리 학원 가까운 곳에 시간제 보육 시설이 있어 주 일 회 류큐 요리의 강좌를 들을 수 있었습니다.

▶ 류큐 요리는 크게 나누어 궁중 요리와 서민 가정 요리가 있습니다. 손이 많이 가는 아름다운 궁중 요리도 멋있지만, 매일매일 육아에 쫓기던 나는 오키나와 사람들이 주변에서 쉽게 구할 수 있는 식재료를 응용해서 그 특성을 살려 발전시켜온 가정 요리에 큰 매력을 느꼈습니다. 둘째 딸아이까지 태어나 어린 자식들과 분주하게 보내는 나날이 이어지자, 어떤 때는 외식을 하거나 도시락을 사 먹기도 했으며 때론 식재료를 택배로 받기도 했습니다. 그런 와중에도 될 수 있으면 내 나름대로 현지의 식재료를 이용해 직접 만들어 먹으려고 노력했지요.

▶ 그렇게 십 년 남짓 보냈더니, 울보였던 아들이 어느덧 6학년이 되어 어느 날 일기에 이렇게 썼더라고요. "반찬 중에서 가장 좋아하는 것은 고야 참푸르입니다. 엄마가 만든 참푸르는 두부가 노릇하게 잘 익어, 구운 정도가 절묘하기 때문입니다. 근처에 있는 유명한 ○△식당보다 맛있습니다." 순간, 생각지도 못한 칭찬의 말에 놀랐고 지금까지 집밥을 열심히 만들어오길 잘했다는 생각이 들었습니다.

▶ 그런 일이 있은 후, 참푸르를 만들 때 이전보다 훨씬 즐겁게 두부를 굽고 있다는 걸 알게 되었습니다. 아들의 말 한마디에 자신감이 붙은 거지요. "구운 정도의 절묘함"을 의식해서 주의를 기울여가며 세심하게 만들다보니, 당연히 맛도 훨씬 좋아졌을 겁니다. 아마 저마다의 '가정의 맛'이란 이렇게 일상 속에서 가족과 소통하면서 만들어가는 게 아닐까요?

▶ 이 책에서는 나와 가족을 키워준 '우치나 고항(오키나와 집밥)'의 매력 넘치는 세계를 섬 채소를 중점적으로 소개하면서 묘사해보려 합니다.

✱ 시마나(갓)는 소금절임을 하든지, 데친 후에 사용합시다!

차례　한국어판 저자 서문　5
　　　들어가면서 | 가정의 맛　6

집밥의 기본

- 삶은 돼지 삼겹살을 늘 준비해두자!　14
  - 삼겹살 삶는 법　15
- 맛있는 육수를 우려내자!　16
  - 다랑어 육수 우려내는 법　17
  - 돼지 육수 우려내는 법　18
  - 돼지고기의 방언 명칭　19
- 참푸르　20
  - 참푸르의 기본　21
- 응부시　22
  - 응부시의 기본　23
- 이리치　24
  - 이리치의 기본　25
- 곁반찬으로 또 한 번의 변신을!　26
  - 기본이 되는 양념 식초　27

여름

- 고야(여주)　30
  - 상큼한 고야 샐러드　31
  - 고야 스카치　31
  - 고야 참푸르　32
  - 고야 응부시　32
- 도시락에 어울리는 '집반찬'　33
  - 안단스(기름 된장)　33
- 나베라(수세미오이)　36
  - 나베라 응부시　37
  - 나베라 초된장무침　37
- 시부이(동과)　38
  - 시부이의 채 내리기　39
  - 상큼한 시부이 샐러드　39

- 운최(공심채) 40
  - 운최 타시야 41
  - 운최 무침 요리 3종 41
- 네리(오크라) 42
  - 색감 좋은 오크라와 토마토 샐러드 43
  - 오크라의 매실, 다랑어 포 무침 43
- 두부 46

가을

- 시콰사(시이쿠와샤) 50
- 간다바(고구마 잎) 51
  - 간다바 쥬시 51
- 응무(고구마), 자색 고구마 52
  - 자색 고구마 킨톤 53
  - 우무와카시(고구마 와카토) 53
- 콴소(원추리) 54
  - 콴소나물무침 54
  - 콴소 소고깃국 55
- 시마나(갓) 56
  - 치키나 만드는 법 56
  - 치키나 타시야 57
  - 치키나 볶음밥 57
- 파파야 58
  - 파파야 이리치 59
  - 파파야 돼지갈비탕 59
- 마미나(콩나물) 60
  - 카시쮀 에이 60
  - 미미가 사시미 61
  - 마미나 참푸르 61
- 소민(소면) · 후(구루마 후) 64
  - 소민 타시야(소면볶음) 64
  - 후 이리치 64
- 조미료 65

겨울

- 탄무(눈토란)·타무지(눈토란 줄기), 무지(토란 줄기) 68
  - 도루 와카시 69
  - 탄무 딘가쿠 70
- 무의 여러 가지 이용법 74
- 디쿠니(무)·디쿠니바(무 잎) 75
  - 사과식초 무절임 75
  - 눈과과 76
  - 돼지갈비탕 77
- 응스나바(근대) 78
  - 응스나바 응부시 79
  - 응스나바 스네 79
- 치디쿠니(섬 당근) 82
  - 치무신지 83
- 야치문(도자기) 84

봄

- 섬 락고(락고) 90
  - 섬 락고의 벌꿀절임 90
  - 락고 참푸르 91
  - 섬 락고절임 91
  - 섬 락고튀김 91
- 한다마(스이젠지나) 92
  - 한다마와 캔 참치볶음 92
- 후치바(쑥) 93
  - 후치바 쥬시 93
- 군보(우엉) 94
  - 군보 고기말이 95
  - 군보 이리치 95
- 응쟈나·응쟈나바(씀바귀) 96
  - 응쟈나 바에이 96
- 쵸미구사(방풍나물) 97
  - 쵸미구사 소고깃국 97
- 이마이유(선어) 98

- 흰 살 생선의 소금조림 99
- 이초바(회향) 100
- 해초 102
  - 다시마 이리치 102
  - 아사 국 102
  - 모이 두부 103
  - 스누이의 여러 요리 103

칼럼

- 박과의 계절 34
- 세 가지의 '보다' 44
- 하나하나가 일품요리 62
- 베란다의 아타이과 72
- 건강해져라 80
- 아침에는 쥬시로! 86
- 음식을 옮길 때는 '산'과 함께 88
- 이리치의 변신 101
- 이왕이면 집밥으로! 104

- 집밥의 전래 동요(친관-토-훈) 47
- 집밥의 전래 동요(니요-요-니요-) 71

- 오키나와의 맛있는 말 ① 28
- 오키나와의 맛있는 말 ② 48
- 오키나와의 맛있는 말 ③ 66

나오면서 106
용어 풀이 108
주요 참고 문헌 · 참고 웹 사이트 110

이 책에 대해

이 책은 2008년 4월부터 2009년 3월까지 '집에서 집밥을!'이라는 타이틀로 《주간 홈 플라자(타임스 주택신문사)》에 연재했던 연재물을 대폭 고쳐 쓰고 수정해서 재구성했으며, 새로운 항목도 추가했습니다.

- 레시피의 재료 무게는 정량(껍질 등을 떼어 낸 실제 먹는 분량)으로 기재했습니다.
- 큰술은 15ml(15cc), 작은술은 5ml(5cc), 컵은 200ml(200cc)입니다.
- 이 책에서는 류큐의 가정 요리를 '우치나 고항(오키나와의 집밥)'이라고 부릅니다.
- 식재료가 나오는 철이나 자주 해 먹을 수 있는 시기 등을 고려해서, 계절별로 여름, 가을, 겨울, 봄으로 나누어보았습니다.
- 방언이나 방언명은 지역에 따라 달라서, 음식이나 식재료의 이름이나 명칭이 여러 개 나올 때도 있습니다.
- 이 책의 레시피는 마츠모토 요리 학원에서 배운 것을 중심으로 만들었으나, 오키나와의 친구들이나 시장 아주머니들에게 배운 것도 참고하였습니다. 여러 번 만들어보는 동안 내 나름대로 만들기 쉽게 정리한 부분도 있습니다.

독자 여러분도 스스로 맛을 봐가면서 나름대로 집밥의 맛을 찾으시길 바랍니다.

おうちでうちなーごはん!
Copyright @ 2016 はやかわゆきこ
Original Japanese paperback edition published by ボーダーインク(BORDERINK).
Korean translation rights arranged with ボーダーインク(BORDERINK).

이 책의 한국어판 저작권은 ボーダーインク(BORDERINK)와 독점 계약한 ㈜사계절출판사에 있습니다.
저작권법에 따라 한국 내에서 보호를 받는 저작물이므로 무단 전재와 복제를 금합니다.

집밥의 기본

삶은 돼지 삼겹살을 늘 준비해두자!

▶ 참푸르, 응부시, 이리치 등 여러 집밥 메뉴에 사용하는 돼지 삼겹살은 미리 삶아서 준비해두었다가 요리하는 것이 기본입니다. 덩어리째 뭉근히 삶으면 기름기를 반 정도 줄일 수 있다고 합니다.

▶ 최근에는 흔히 말하는 '포-크(가공 돈육 통조림)'를 사용하는 경우도 많은 것 같은데, 같은 돼지고기라고는 하나 염분이나 지방이 많습니다. '장수의 근원'이라고도 하는 건강한 '집밥'을 실현하기 위해서는 꼭 '삶은 삼겹살'로 하려고 합니다.

▶ 매번 '삼겹살을 뭉근히 오래 삶는' 것에서부터 요리를 시작하려면, 아무리 시간이 있다 해도 부족합니다. 그래서 나는 시간 여유가 있거나 고기가 쌀 때, 한꺼번에 삶아서 보관해두고 있습니다. 냉장고에 삶은 삼겹살이 있으면 안심이 됩니다. 이것만 있으면 바로 요리를 시작할 수 있지요. 제철 채소와 섬 두부로, 자, 오늘도 맛있는 '집밥'을 만들어보지요!

▶ 삶은 국물도 기름을 걷어 내면 '돼지 육수'로 사용할 수 있습니다(18쪽 참조).

삼겹살 삶는 법

삼겹살 고르는 법

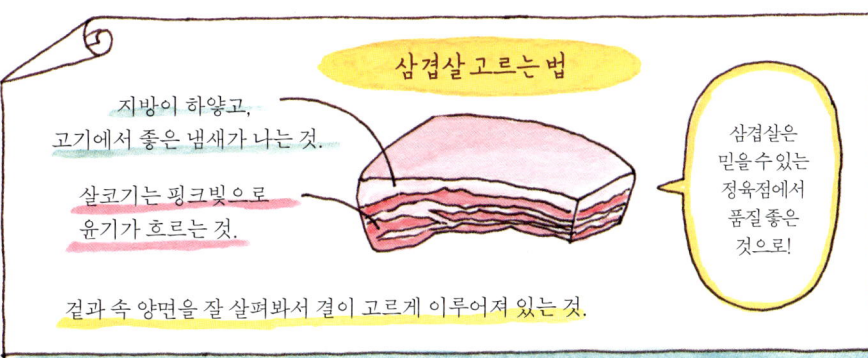

- 지방이 하얗고, 고기에서 좋은 냄새가 나는 것.
- 살코기는 핑크빛으로 윤기가 흐르는 것.
- 겉과 속 양면을 잘 살펴봐서 결이 고르게 이루어져 있는 것.

삼겹살은 믿을 수 있는 정육점에서 품질 좋은 것으로!

1.
큼지막한 냄비에 삼겹살 덩어리를 넣고 물을 충분히 부어 열을 가한다.

끓어오를 때까지는 강불!

2.
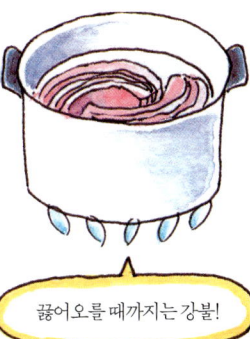
끓어오르면서 거품이나 기름이 나오기 시작하면 불을 줄이고, 조심스럽게 걷어 낸다.

거품이나 기름은 냄비의 가장자리로 모아가면서 끈기 있게 걷어 낸다.

3.

보글보글 끓을 정도의 불로 고기가 연해질 때까지 삶는다(대꼬챙이가 푹 들어갈 정도로).

4.
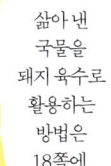
다 삶아지면 삶은 물에 그대로 담근 채 어느 정도 식힌다.

고기가 마르지 않도록 국물에 담근 채 식힙니다.

삶아 낸 국물을 돼지 육수로 활용하는 방법은 18쪽에.

거품이나 기름은 허드레 천 등에 적셔서 처리(싱크대에 붓지 말것!).

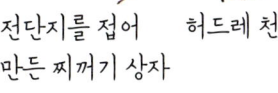
전단지를 접어 만든 찌꺼기 상자   허드레 천

5.
한 김 나가면 사용하기 좋은 크기로 잘라 랩으로 싸서 냉동해둔다. 2~3일 안에 사용하려면 냉장 보관해도 좋다.

100g 정도.

맛있는 육수를 우려내자!

▶ 집밥 메뉴에는 이리치, 응부시, 국, 쥬시(오키나와식 죽 - 옮긴이) 등 '육수'를 듬뿍 사용하는 요리가 많습니다. 요리는 '육수'의 맛에 좌우된다고 해도 과언이 아닌데, 말하자면 '육수'가 맛있으면 완성된 요리의 맛이 보장되는 셈이지요. 조금 품이 들더라도 마음을 담은 맛있는 '육수'를 우려내는 것이 성공의 지름길입니다.

▶ 전통적인 류큐 요리에서는 '돼지 육수'와 '다랑어 육수'를 함께 사용하는 경우가 많은데, 둘 다 진하게 우려내는 것이 특징입니다. 오키나와의 방언에 '아지쿠타(28쪽 참조)'라는 말이 있습니다. 이것이 바로 진한 '육수'가 재료에 충분히 배어들도록 뭉근히 조린 깊은 맛을 표현한 말이 아닐까요?

▶ 막 깎아 낸 다랑어 포(오이가츠오)로 우려낸 '육수'는 정말 향이 좋고 맛이 각별합니다. 시간이 없어서 시판 중인 '팩 육수'나 '육수용 가루'를 사용하는 날도 있습니다만, 그런 때도 막 깎아 낸 다랑어 포를 넣으면 풍미가 아주 좋아집니다.

▶ 품을 많이 들이지 않은 평범한 반찬도 한입 먹었을 때 "바로 이 맛이야." 하고 느끼게 해주는 맛있는 '육수'야말로 집밥의 든든한 조력자입니다.

돼지 육수 우려내는 법

재료
돼지 잡뼈 ········· 약 500g
물 ················ 10컵

1. 잡뼈에 끓는 물을 끼얹은 후, 건져 내어 흐르는 물에 씻는다.

지저분한 것들을 깨끗이 없앤다.

2. 큰 냄비에 씻어 낸 뼈와 물을 넣고 강불로 끓인다.

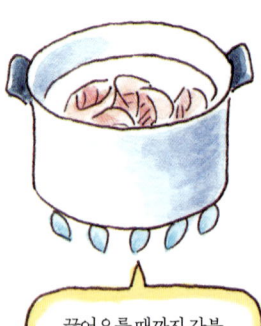

끓어오를 때까지 강불.

거품, 기름은 냄비의 가장자리로 모아가면서 끈기 있게 건져 낸다.

3. 끓으면서 거품이나 기름기가 나오기 시작하면 불을 줄이고 잘 걷어 낸다.

보글보글 끓을 정도의 열을 가해 오랫동안 우려낸다 (1시간~1시간 반 정도).

4. 충분히 우러나면 체에 거른다.

기름 여과지

삼겹살 삶아 낸 국물을 돼지 육수로 활용하기

삼겹살 삶는 법은 15쪽 참조.

1. 삶아 낸 국물을 볼에 부어 냉장고에 하룻밤 재운다.

차가워지면 기름이 하얗게 굳는다.

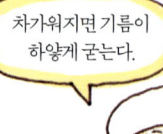

2. 다음 날, 표면에 굳은 기름은 숟가락으로 걷어 내고 기름 여과지를 깐 체에 삶은 국물을 거른다.

고기가 신선하면 육수도 맛있다.

조금씩 사용하려면 얼음 틀에 부어 얼린다.

3. 100~200ml 정도씩 나누어 냉동 보관해두면 편리.

비닐봉지

우유 팩

냉동실도 깔끔!

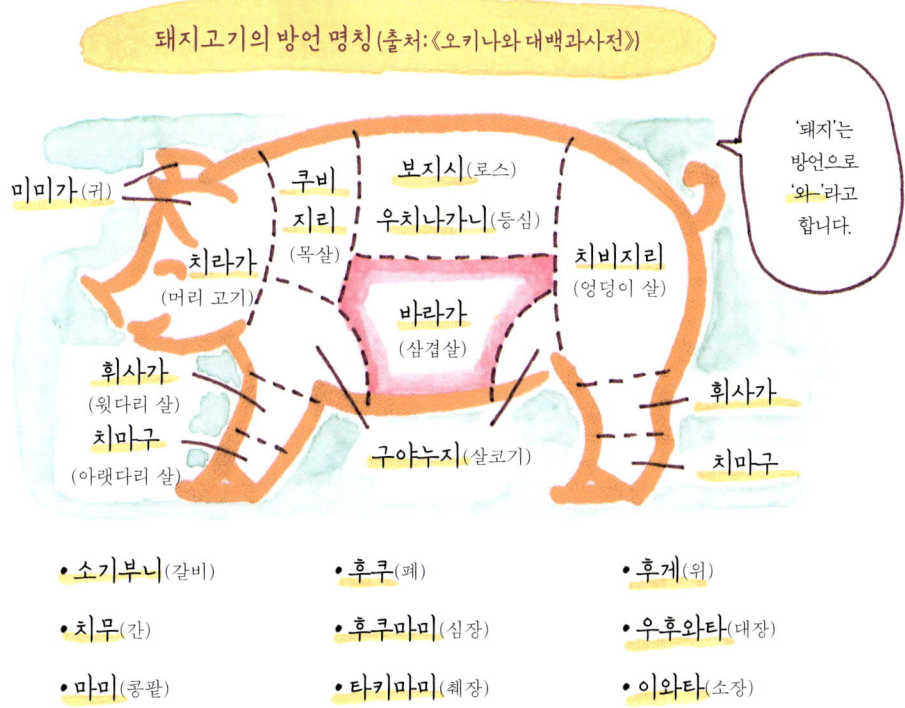

오키나와에서는 "울음소리만 빼고 다 먹어치운다."고 하는 돼지고기. 구석구석까지 부위별로 방언명이 다 있는 걸 보면, 사람들이 돼지고기를 하나도 버리지 않고 얼마나 잘 활용해왔는가를 알 수 있습니다. 오랜 역사 속에서 다양한 요리가 탄생했지만, 모든 요리는 정성스럽게 밑준비하는 것이 핵심입니다.

참푸르

- 참푸르는 오키나와의 대표적 가정 요리로, 섬 두부와 제철 채소, 돼지고기 등을 섞은 볶음 요리입니다. 단순한 채소볶음이 아니라, 반드시 두부(오키나와의 섬 두부)가 들어갑니다. 두부의 식물성 단백질과 돼지고기의 동물성 단백질, 그리고 채소의 비타민과 미네랄 등 한 접시의 요리로 영양의 균형을 잡을 수 있습니다.
- 빠르고 간단하게 만들 수 있을 뿐만 아니라, 매일 먹어도 질리지 않는 맛입니다. 들어가는 채소 이름을 붙여 'OO 참푸르'라고 합니다.
- 물기를 뺀 섬 두부를 (부엌칼을 쓰지 않고) 손으로 한입 크기로 떼어 내 노릇하게 굽는 것이 포인트입니다.

※ '소-민(소면) 참푸르'는 예외로, 본래는 '소-민 타시야' 또는 '소-민 풋토루'로 부른다고 합니다.

참푸르에 자주 사용하는 채소

마미나(콩나물)
타마나(양배추)
섬 락교
고야(여주)
이 둘은 달걀물로 마무리한다.
치리비라(부추)
색깔 낼 때!
운최(공심채)
당근
치키나(소금절임한 갓)

참푸르의 기본

재료(밑준비)

- 간장
- 다랑어 포
- (• 푼 달걀) 고야나 섬 락교로 할 경우.
- 섬 두부 — 손으로 떼어 물기를 빼놓는다.
- 제철 채소 — 먹기 좋게 자른다.
- 돼지 삼겹살 (삶아놓은 것) — 네모썰기.
- 식용유
- 소금

1.
팬에 식용유를 두르고 잘 가열한 후 섬 두부를 굽는다.

> 노릇노릇해질 때까지 정성스럽게 굽는다.

팬이 덜 달궈졌을 때 두부를 넣으면 들러붙으니까 충분히 가열해놓는다.

2.
겉이 노릇하게 구워지면 꺼내놓는다.

이것만으로도 맛있을 거 같아~!

3.
같은 팬에 삼겹살을 넣고 굽는다.

> 기름이 튀니까 알루미늄 포일로 덮으면 좋다.

> 부족할 거 같으면 식용유를 더 두른다.

삼겹살의 기름이 지글지글 녹기 시작할 때까지 굽는다.

4.
3의 팬에 채소를 넣고 전체적으로 익으면, 소금과 2의 두부, 다랑어 포를 넣는다.

다랑어 포 / 2의 두부 / 소금

> 팬 가장자리에서 치익, 하고 뜨거워지면서 향이 난다.

5.
좋은 향을 내기 위해 팬 가장자리에 간장을 돌려가면서 뿌려 마무리한다.

* 고야나 섬 락교의 경우, 마지막에 푼 달걀을 넣어 섞는다.

응부시

- 응부시는 제철 채소와 돼지고기, 섬 두부 등을 육수와 된장으로 조린 깊은 맛이 나는 조림 요리입니다. 주로 열매채소나 잎채소로 만듭니다. 된장 맛이 밸 때까지 지긋이 조리기 때문에 채소를 많이 먹을 수 있습니다. 밥과도 잘 어울리는, 소박하고 깊은 맛이 나는 요리입니다.
- '나베라(수세미오이) 응부시'는 '고야 참푸르'와 어깨를 나란히 하는 집밥의 기본 메뉴입니다.
- 요리에 넣는 채소 이름을 따서 '○○ 응부시'라고 부릅니다. 지역에 따라 '응부사', '우부사' 등 그 이름이 조금씩 다릅니다.
- 된장 맛이 깔끔하기 때문에 도시락 반찬으로도 좋습니다.

응부시에 자주 사용하는 채소

- 고야 (여주)
- 치부루 (오키나와의 박)
- 모위 (오이의 일종)
- 시부이 (오키나와의 겨울 참외-옮긴이)
- 나베라 (수세미오이-옮긴이)
- 응스나바 (근대) — 주로 겨울에 나옵니다.
- 한다마 (스이젠지나. 92쪽 참조)
- 운치 (공심채)
- 간다바 (고구마 잎)
- 나시비 (가지)

이리치

- 이리치는 말린 채소나 뿌리채소를 돼지고기와 함께 볶아 육수로 뭉근히 익힌 볶음 조림 요리입니다.
- 볶을 때 재료 전체에 기름을 두르는 것, 익히는 도중에 수분이 줄어들면 육수를 계속 넣어가면서 재료가 부드러워질 때까지 뭉근히 조리는 것이 포인트입니다.
- 조림 국물의 맛을 완전히 빨아들여, 진하고 깊은 맛을 냅니다. 다음 날에는 맛이 더욱 배어들어 한층 맛이 좋아집니다.
- 대표 격인 '다시마 이리치'는 축하 잔치에 빠져서는 안 되는 요리 중 하나입니다.
- 넣는 재료의 이름을 따서 'OO 이리치'라고 부릅니다. 지역에 따라 '이키', '이리챠' 등으로도 부릅니다.

이리치에 자주 사용하는 식재료

우엉

후
(후는 글루텐을 주원료로 한 가공식품인데 동그랗게 말린 오키나와의 후를 '구루마 후'라고 한다-옮긴이)

박고지

다시마

무

무말랭이

비지

톳

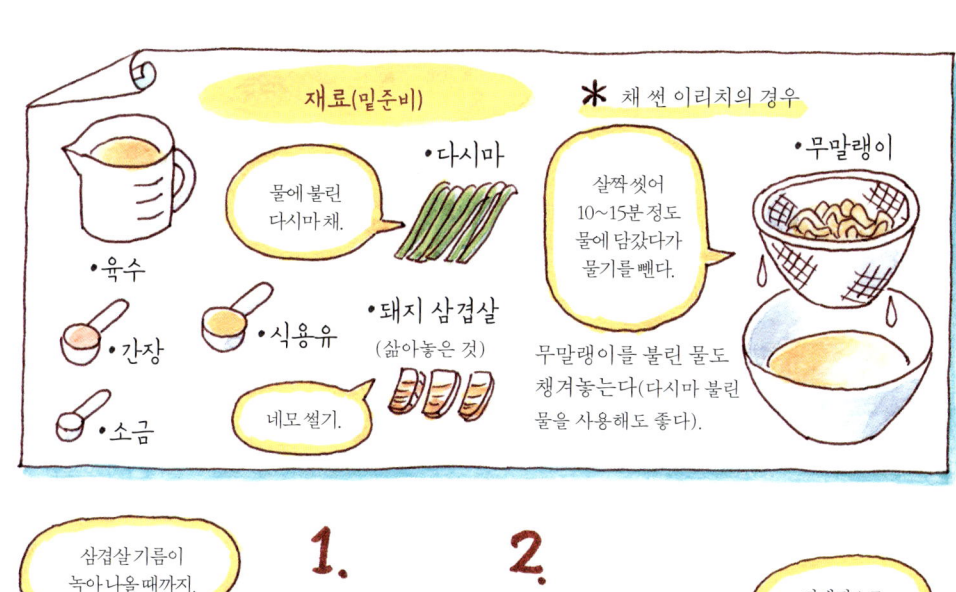

곁반찬으로 또 한 번의 변신을!

- 오키나와 집밥의 주요리는 참푸르나 응부시 등 돼지고기를 사용한 비교적 볼륨감 있는 메뉴가 돋보입니다. 그런데 식단에 없어서는 안 되는 것이 담백한 곁반찬입니다.

- 곁반찬에도 여러 가지가 있습니다만, 개인적으로 식탁에 올리고 싶은 게 있습니다. 오키나와 방언으로 우사치, 에이, 스네, 나마시, 사시미 등으로 불리는 '초무침'이나 '무침 요리'입니다.

- 제철 채소나 해초를 사용한 곁반찬을 하나 추가하는 것만으로도 계절감을 맛볼 수 있고, 비타민이나 미네랄 등 영양 면에서도 플러스가 됩니다.

- 집밥의 '초무침'이라고 하면, 먼저 '스누이(큰실말-옮긴이)'의 초무침이 되겠지요. 두툼하고 연한 오키나와산 큰실말을 상큼하게 듬뿍 먹을 수 있습니다.

- 또 하나, 오키나와의 대표적인 '초무침'을 들자면 '돼지 귀 초무침(미미가 사시미)'이겠지요. 깊은 맛이 나는 '땅콩 식초'로 무친 미미가의 해파리 같은 식감이 매력적입니다.

- 응쟈나(96쪽 참조)에 섬 두부로 옷을 입힌 '응쟈나 바에이(씀바귀 白あえ시로아에: 요리의 주재료에 물기를 뺀 두부 옷을 입혀 무친 요리-옮긴이)'는 두부와 잘 어울려 응쟈나의 쓴맛이 순해지면서 뭐라 말할 수 없는 오묘한 맛을 냅니다.

- 그 밖에도 소금으로 살짝 숨을 죽여 초간장무침이나 깨무침, 겨자무침, 초된장무침 등 주요리와 어울리게 궁리해보면 식탁이 훨씬 풍성해집니다. 소박하고 간단한 반찬이라 하더라도 곁반찬의 가짓수를 늘이면 집밥의 수준을 한결 높이는 포인트가 될 거예요.

오키나와의 맛있는 말 ①

- **쿠스이문** 약이 되는 음식.
- **누치구스이** 생명의 약, 장수의 약. 바꿔 말하면 특별하게 맛있는 것.
- **티안다** 직역하면 '손의 기름'. 정성을 다해 요리하는 것.
- **아지쿠타** 심오한 맛, 깊은 맛을 표현한 말.
- **아치코코** 뜨거운 것, 갓 만들어서 김이 모락모락 나는 것.

여름

주변의 공기마저도 밝게 해주는 나베라의 밭 ♥

고야
(여주)
박과

- 지금이야 방언인 '고야'로 통할 정도로 유명해진, 오키나와 채소의 얼굴이라 할 수 있는 존재입니다. 최근에는 '녹색 커튼'의 대표 격으로 전국적으로 친숙해졌지요. 오키나와에서는 오래전부터 민가의 정원 한쪽에 고야 덩굴시렁을 만들어 식용으로뿐만 아니라, 여름날 햇볕막이로도 활용했습니다. 그 아래에서 시원한 바람을 쐬면 더위를 타지 않는다고 전해지며, 잎을 비벼 욕탕에 넣으면 땀띠에도 좋아 사람들의 생활 속에서 널리 이용되어왔습니다.

- 참푸르 외에 응부시, 튀김, 무침, 주스 등으로도 먹습니다. 조리 전에 살짝 데치든지 소금으로 비비면 쓴맛이 완화됩니다.

- 비타민 C가 풍부하고, 열을 가해도 잘 파괴되지 않는 게 특징입니다. 독특한 쓴맛 성분은 위장을 자극해서 식욕을 돋우는 작용을 합니다. 여름을 타지 않게 해주는 든든한 조력자라 할 수 있겠지요.

- 최근에는 하우스 고야도 나와서 연중 출하되고 있지만, 제철은 6월부터 8월입니다. 장마가 끝나고 햇볕이 강렬해지면 고야의 계절이 온 것입니다. 진한 녹색에, 돌기 부분에 윤기가 흐르고, 무게감이 확실하게 느껴지는 것으로 고릅니다. 가운데 씨와 속을 깨끗이 없애고 보관하면 오래 가지만, 될 수 있으면 빨리 사용하는 게 기본입니다.

고야의 밑준비

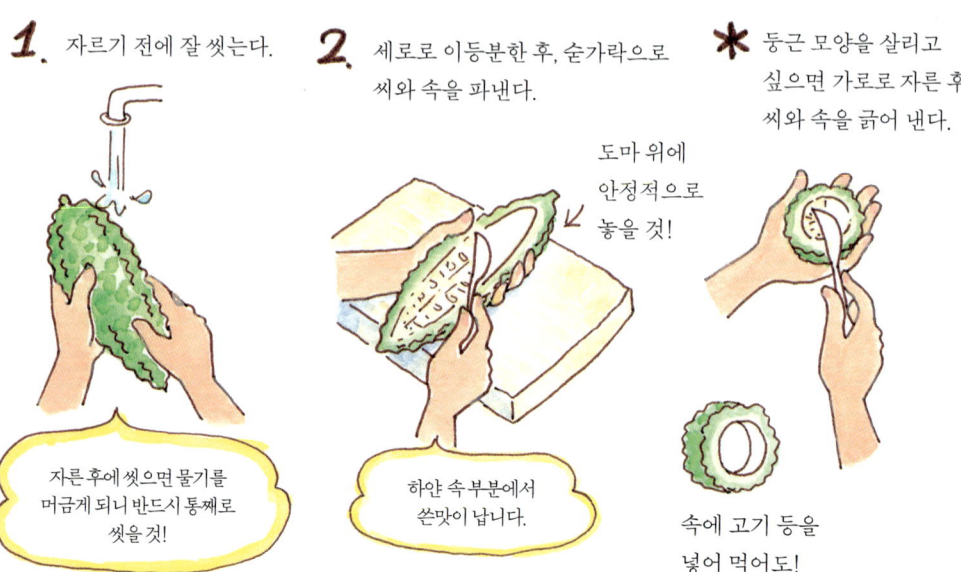

1. 자르기 전에 잘 씻는다.
자른 후에 씻으면 물기를 머금게 되니 반드시 통째로 씻을 것!

2. 세로로 이등분한 후, 숟가락으로 씨와 속을 파낸다.
도마 위에 안정적으로 놓을 것!
하얀 속부분에서 쓴맛이 납니다.

* 둥근 모양을 살리고 싶으면 가로로 자른 후 씨와 속을 긁어 낸다.
속에 고기 등을 넣어 먹어도!

처음 먹는 사람도 맛있어할 거야!
 상큼한 고야샐러드

재료(2~3인분)

고야	100g
닭 가슴살	50g
술	조금
소금	조금
당근	30g
셀러리	반쪽

드레싱

식용유	3큰술
식초	2큰술
소금	½작은술
후추	조금
간 양파	½큰술
토마토케첩	½큰술

1. 고야는 얇게 잘라 냉수에 담갔다가 물기를 없앤다.

2. 닭 가슴살은 술, 소금을 뿌려 익힌 후 결 따라 손으로 잘게 찢는다(전자레인지에서 익혀도 된다).

3. 당근은 얇게 네모 썰기를 한다.

4. 셀러리는 얇게 어슷 썬다.

익히지 않고 먹어야 하니까 될 수 있으면 얇게 썬다.

✱ 고야와 어울리게 톱니 모양으로 자르면 훨씬 예쁘다.

5. 재료를 모두 볼에 넣고 서로 잘 섞어 드레싱으로 무친다.

간 양파와 토마토케첩이 맛의 비밀!

고야 샐러드에는 꼭 드레싱을!

쓴맛을 산뜻하게!
고야스카치

재료(4인분)

고야즙	¼컵

시럽

설탕	¼컵
물	¼컵
레몬즙	3큰술
탄산수(또는 사이다)	3컵
레몬 조각	4쪽
얼음	적당량

1. 물과 설탕을 끓여서 시럽을 만들어 차갑게 해둔다.

2. 고야는 씻어 겉의 녹색 부분만 강판에 갈아 천으로 짠다.

3. 2에 시럽과 레몬즙을 부어 섞은 후, 얼음이 담긴 컵에 넣고 탄산수를 조심스럽게 따른다.

4. 얇게 썬 레몬 조각을 띄워준다.

천

고야즙 시럽 레몬즙

재료는 각각 충분히 준비해두기. 기호에 따라 조절하면 좋다.

집밥의 대표 선수! 고야참푸르

밑준비

섬 두부는 손으로 떼어 내 물기를 뺀다.

식용유 소금
다랑어 포

돼지 삼겹살은 네모 썰기.
달걀은 잘 푼다.

고야는 좋아하는 두께로 썬다.

나는 2mm 두께가 좋아!

재료(4인분)

고야	작은 것 2개(약 400g)
삶은 돼지 삼겹살	100g
섬 두부	½모(약 300g)
소금	1작은술
다랑어 포	½컵
식용유	적당량
달걀	2개
간장	조금

밑준비가 다 되면 21쪽의 '참푸르의 기본'의 순서로 만든다.

촉촉하고 쓴쓰레한 된장맛! 고야응부시

재료(4인분)

고야	작은 것 2개(약 400g)
삶은 돼지 삼겹살	100g
식용유	적당량
돼지 육수	1~1½컵
된장	70g
다랑어 포	½컵

밑준비

된장은 육수로 풀어둔다.

고야는 1cm 두께로 썬다.

돼지 삼겹살은 네모 썰기.

다랑어 포

식용유

↔ 1cm

밑준비가 다 되면 23쪽의 '응부시의 기본'의 순서로 만든다.

이건 밥도둑! 도시락 반찬으로도 딱이야!

도시락에 어울리는 '집반찬'

기본형!
각종 이리치(25쪽)

밥이 당겨!
고야 참푸르(32쪽)

당근 시리시리
(63쪽. 당근 시리시리는 채칼로 채를 내린 당근-옮긴이)
색감이 좋아!

밥 위에 올려 먹거나 주먹밥으로!
안단스(기름 된장)

군보 고기말이(95쪽)

치키나(절임 갓-옮긴이) **타시야**
(57쪽. 타시야는 두부가 들어가지 않은 볶음 요리-옮긴이)

여러 가지로 활용할 수 있는 전통 보존식품!
안단스(기름 된장)

오키나와 말로 '안다'는 기름, '응스'는 된장.

1. 팬에 식용유를 두르고 달궈지면, 삼겹살을 넣고 볶는다.

2. 된장과 설탕을 봐가면서 조금씩 넣고, 눌어붙지 않도록 저어가면서 전체적으로 열을 잘 가해 마무리한다.

나무 주걱으로 개어놓는다.
고기 기름이 녹기 시작하면 전체적으로 기름이 돌도록.
된장
설탕
오키나와의 주먹밥!

포포
(안단스를 바른 밀가루 과자-옮긴이)

된장 주먹밥

와케메(죽)

재료(밑준비)

삶은 돼지 삼겹살 ······ 200g

5mm~1cm 정도로 깍둑썰기.

크기는 기호대로.

된장(빨간 된장) ······· 150g
설탕 ················ 적당량

된장 맛에 따라 양을 조절한다.

식용유 ············· 조금

생강을 잘게 썰어 넣어도 좋다!

박과의 계절

▶ 오키나와의 여름 풍경으로는 파란 하늘과 바다, 눈부신 태양, 하지 남풍(카치베), 산사나(쿠마제미: 말매미)의 울음소리 등 여러 가지가 있습니다. 내가 좋아하는 또 하나는 나베라(수세미오이) 밭의 풍경입니다. 아침의 찬란한 태양을 향해 노랗고 큰 나베라 꽃이 피어 있는 밭을 보고 있노라면, 여름이 왔구나 하는 걸 실감하게 됩니다.

오키나와의 여름은 더위가 엄청납니다. 그래서 잎채소가 별로 없습니다만, 그 대신 나오는 선수들이 '박과류 식물'입니다. 채소 판매장에는 고야, 나베라, 시부이, 모위와 같은 박과류가 빠짐없이 등장합니다. 대부분의 박과류 식물은 수분을 풍부하게 함유하고 있어서 소변의 배출을 도와 몸의 열을 식히는 작용을 한다고 합니다.

▶ 그런 박과류 조리법의 하나로 예부터 즐겨온 것이 '응부시'입니다. 제철 채소와 돼지고기, 섬 두부 등을 된장 맛으로 푹 조린 응부시는 뜨거운 여름에도 밥맛을 돋우고, 채소를 듬뿍 먹을 수 있게 해줍니다. 주변에서 손쉽게 구할 수 있는 재료로 맛있고 건강하게 먹을 수 있는 방법을 찾아낸 옛사람들의 지혜에 다시 한 번 감동했습니다. 참푸르도 좋지만 응부시도 소중하게 전해주고 싶은 집밥 메뉴입니다.

▶ 제철의 박과류를 많이 먹고, 오키나와의 길고 긴 여름을 건강하게 잘 넘깁시다!

나베라
(수세미오이)
박과

♦ 오키나와에서는 고야와 더불어 아주 친숙한 여름 채소입니다. 덩굴이 쑥쑥 자라기 때문에 역시 '녹색 커튼'이라는 말이 잘 어울립니다. 커다란 노란 꽃이 차례차례 피어나 눈을 즐겁게 해줍니다. 꽃이 핀 후 2주 정도 된 연한 수세미오이를 먹습니다. 성숙하면 섬유질이 질겨져서 오키나와에서도 목욕용 때수건이나 설거지용 수세미로 쓰였다고 합니다. 그래서인지 방언명인 '나베라'는 '냄비 씻개(鍋洗い: 나베 아라이)'에서 유래했다는 말도 있습니다. 줄기에서 채취한 수세미즙은 화장수로 사용하기도 하고, 기침이나 가래를 가라앉히는 데도 좋다고 합니다.

♠ 나베라라고 하면 먼저 응부시(된장조림)가 떠오르는데, 점액질이 매끈하게 혀를 감싸는 것이 매력입니다. 그 밖에 된장국이나 무침에도 좋습니다. 독특한 흙냄새가 싫은 사람은 가지로 대용하면 됩니다. 반대로 카레나 라타투이(프로방스의 향토 요리로 여름 채소 스튜-옮긴이)에 가지나 호박 대신 나베라를 이용해도 좋습니다.

♥ 수분이 풍부합니다. 오이나 동과처럼 몸을 차게 하는 작용이 있다고 합니다.

♣ 녹색이 아름답고, 윤기가 흐르는 것으로 고릅니다. 오래 보관할 수 없으니까 될 수 있으면 빨리 사용합니다. 보관하려면 물기를 없앤 후, 키친타월이나 신문지에 싸서 지퍼 백에 넣어 냉장고에 보관합니다.

나베라의 밑준비

1. 자르기 전에 씻는다.

2. 껍질을 벗긴다.

필러로 벗기면 간단!

3. 자른다.

어슷썰기,

또는

뭉툭 썰기.

돌려가면서 크기를 맞춰 썬다.

고야참푸르와 어깨를 나란히 하는 집밥의 맛!
나베라응부시

재료(4인분)

- 나베라 … 중간 크기 2개(약 600g)
- 삶은 삼겹살 … 100g
- 섬 두부 … 1/3모(약 200g)
- 식용유 … 적당량
- 육수 … 1/3컵
- 된장 … 2~3큰술
- 다랑어 포 … 1/4컵

✱ 삼겹살 대신 참치(캔 참치)도 좋다.

밑준비

- 섬 두부는 손으로 떼어 내 물기를 뺀다.
- 삼겹살은 네모 썰기.
- 나베라는 껍질을 벗겨 두툼하게 어슷썰기. (1~1.5cm 정도.)
- 된장은 육수로 풀어놓는다.
- 다랑어 포
- 식용유

밑준비가 다 되면 23쪽의 '응부시의 기본'의 순서로 만든다.

✱ 달걀 푼 것을 넣으면 맛이 훨씬 부드러워진다!

더운 날, 상큼한 메뉴!
나베라 초된장무침

1. 나베라는 껍질을 벗겨 세로로 이등분하여 길쭉길쭉 어슷썰기를 한다.

2. 끓는 물에 살짝 삶아 내 천에 싸서 물기를 짠다. (식힌 다음에 짠다.)

3. 초된장으로 무친다. (너무 되직하면 육수로 개어 푼다.)

초된장

차게 해서 먹으면 맛있다!

재료(4인분)

- 나베라 … 중간 크기 1개
- 설탕 … 1큰술
- 식초 … 1큰술
- 된장 … 2큰술

✱ 오이나 숙주나물을 넣어도 좋다.

숙주나물은 살짝 데쳐서.

✱ 볶아서 살짝 으깬 땅콩이나, 깨를 넣으면 고소한 풍미가 더해진다.

시부이
(동과)
박과

♦ 아시아의 온대지방과 열대지방에 넓게 분포되어 있는 더위에 강한 여름 채소입니다. 일본식 이름 '동과(冬瓜)'는 여름에 수확해서 겨울까지 보존할 수 있기 때문에 붙여진 이름이라고 합니다. 오키나와에서는 '시부이'라 하는데, 예부터 여름에 몸의 열기를 내릴 때 이용해왔습니다. 중국의 광동 지방에 동과 속을 긁어 내어 만든 약선 요리가 있는데, 오키나와에도 '카미무시'라고 하는 상당히 비슷한 요리가 있습니다. 특히 미야코섬에서는 만병통치약으로 전해져 내려오고 있다고 합니다.

♠ 여름철 '소키 시루(오키나와식 돼지갈비탕-옮긴이)'나 '아시티비치(족발을 숭덩숭덩 썰어 다시마나 무 등과 함께 삶은 요리-옮긴이)' 등에 무 대신 넣기도 합니다. 국물 요리나 찜 요리 외에도 생으로 샐러드 같은 느낌의 무침 요리를 해 먹어도 좋습니다.

♥ 성분의 약 95%가 수분이어서 개성이 강한 맛은 아니지만, 선도가 좋은 생시부이는 포도 주스와 같은 정도의 비타민을 함유하고 있습니다. 저칼로리인 데 비해 포만감이 있어서 다이어트의 강력한 동반자! 삶으면 부드러우면서도 상큼하고 담백한 맛을 내어 환자식으로도 좋습니다.

♣ 통째로 살 때는 껍질이 단단하면서 녹색이 진하고 무게감이 느껴지는 것으로 고릅니다. 상처가 없는 경우 통풍이 잘 되는 곳에서 반년 정도 보존 가능합니다. 자른 것은 상하기 쉬우므로, 랩으로 싸서 냉장고에 넣고 될 수 있으면 빨리 사용하는 게 좋습니다.

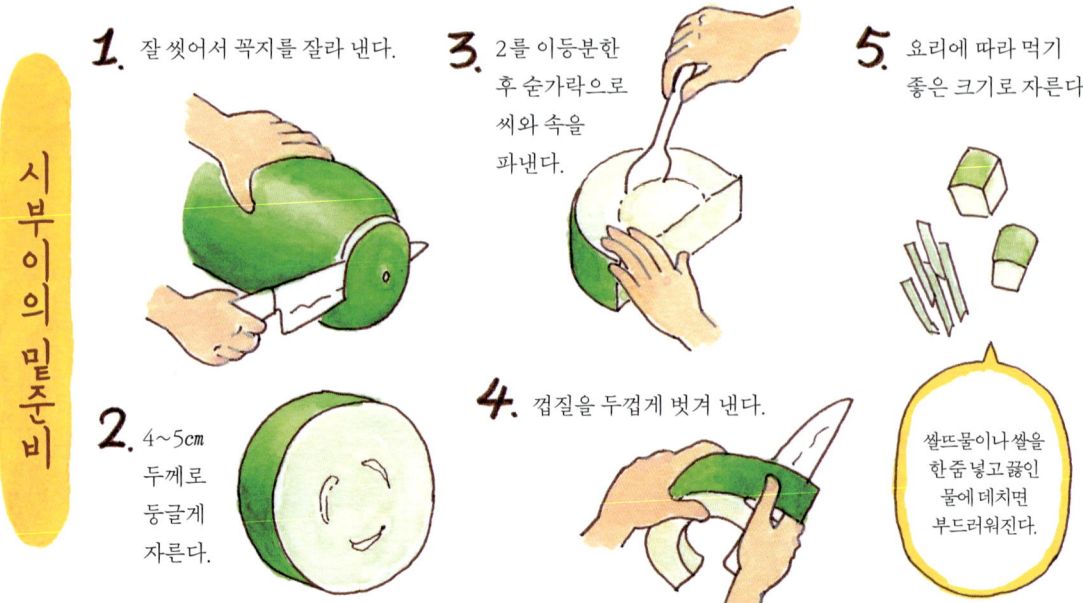

시부이의 밑준비

1. 잘 씻어서 꼭지를 잘라 낸다.
2. 4~5cm 두께로 둥글게 자른다.
3. 2를 이등분한 후 숟가락으로 씨와 속을 파낸다.
4. 껍질을 두껍게 벗겨 낸다.
5. 요리에 따라 먹기 좋은 크기로 자른다.

쌀뜨물이나 쌀을 한줌 넣고 끓인 물에 데치면 부드러워진다.

목넘김이 좋은 고급 수프!
시부이의 채 내리기

1. 시부이는 껍질을 벗기고 속을 파내어 채칼로 채를 내려둔다.
2. 냄비에 육수와 시부이를 넣고 열을 가해 거품을 걷어 내면서 익힌다.

재료(4인분)	
시부이	300g
육수	4컵
술	1큰술
소금	1작은술
물에 푼 녹말	적당량
달걀	2개
와사비	조금

시리시리~.
시부이가 투명해지면 익은 것임.
채 썰어도 좋다.
차게 해도 맛있다.

3. 시부이가 익으면 술, 소금으로 맛을 낸다. 물에 푼 녹말로 걸쭉하게 만든 뒤 달걀물을 넣고 불을 끈다.
4. 그릇에 담고 기호에 따라 와사비를 조금 떨어뜨린다.

달걀 2개 중 1개는 노른자만 넣으면 부드럽게 완성된다.

비타민이 듬뿍 들어 있는 건강식!
상큼한 시부이 샐러드

재료(4인분)	
시부이	200g
양파	½개
건미역	5g
캔 참치	1캔
다랑어 포	적당량
간장	적당량
시콰사(오키나와의 자생 감귤-옮긴이)	2~3개
(없으면 레몬이나 식초)	

1. 양파는 얇게 잘라 물에 담갔다 꺼낸 후 물기를 없앤다.
2. 미역은 물에 불려두고, 캔 참치는 기름을 뺀다.
3. 시부이는 채를 내려 소금을 살짝 뿌린 후 물기를 꼭 짠다.
4. 그릇에 담으면 끝!

얇게 자른 양파
냉수
미역
참치
시콰사
간장
다랑어 포
캔 참치
미역
양파
시부이

신선한 생시부이는 포도 주스와 같은 정도의 비타민 C를 함유하고 있습니다!

꽃이 피기 시작하면 서서히 수확이 끝나간다는 신호입니다.

운치
(공심채)
메꽃과

- ♦ 고구마나 나팔꽃처럼 메꽃과 식물로, 일본명은 '엔사이' 또는 '요우사이'입니다. 중국요리에서는 '공심채(空心菜)'라는 이름으로 알려져 있는데, 이름과 같이 줄기가 빨대처럼 비어 있습니다. 나팔꽃과 비슷한 흰 꽃이 피기 때문에 '나팔채'라고도 부릅니다. 고온 다습한 환경에 강해서 오키나와에서는 물가나 논 주변에서 자라고, 여름날 사람들의 삶에 유용하게 쓰이는 소중한 채소입니다.

- ♠ 볶음 요리 이외에 살짝 데쳐서 무침 요리로, 응부시나 쥬시, 된장국 재료 등으로 널리 이용할 수 있습니다.

- ♥ 카로틴, 칼륨, 칼슘, 철분, 식이 섬유 등을 함유하고 있습니다. 속을 편안하게 해주고, 감기나 여름 타는 것을 예방하는 데도 그만입니다.

- ♣ 녹색이 짙고 잎이나 줄기에 가시가 있으며, 자른 면이 예쁜 것을 고릅니다. 남은 줄기를 땅에 꽂아두면 뿌리를 내려 어린잎을 따 먹을 수 있습니다.

운치의 밑준비

1. 잎을 손으로 떼어 내 줄기와 구별해둡니다.

2. 떼어 낸 잎과 줄기를 깨끗이 씻어 물기를 뺍니다.

3. 요리에 따라 먹기 좋은 크기로 자릅니다.

줄기가 굵으면 가로로 자른 후 이등분합니다.

마늘 향이 향긋해! 운최 타시야

1. 운최는 잎과 줄기를 구별해서 씻어 물기를 뺀 후, 먹기 좋은 크기로 자른다.

2. 삼겹살은 네모 썰기.

3. 마늘은 얇게 혹은 잘게 썬다.

4. 팬에 식용유를 두르고 가열한 후 마늘을 넣고, 향이 배어나면 삼겹살, 줄기, 잎의 순서로 넣으면서 강한 불에 빨리 볶는다.

재료(4인분)	
운최	400g
삶은 삼겹살	80g
마늘	1쪽
식용유	2큰술
소금	조금
간장	1큰술

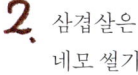

간장은 팬 가장자리에 부어 간장 향이 배어나게 한다.

간장

둘러가면서 넣는다.

치-익

5. 팬에서 칙, 하는 소리가 나도록 간장을 둘러가면서 넣는다. 맛을 보고 싱거운 듯하면 소금을 친다.

구운 두부를 넣으면 운최 참푸르!

채소 요리가 하나쯤 더 있으면 싶을 때! 운최 무침 요리 3종

1. 운최는 깨끗이 씻어 끓는 물에 살짝 데쳐 물기를 뺀다.

2. 물기를 꼭 짠 후, 먹기 좋은 크기로 잘라, 기호에 따라 맛을 낸다.

초된장무침

시로아에

참깨무침

삶은 당근을 넣으면 색깔이 예뻐!

네리
(오크라)
아욱과

- 원산지는 아프리카 동북부로, 온난한 기후 풍토에 적합해서인지 오키나와현 전역에 수많은 오크라 산지가 있습니다. 유우나(대만 무궁화. 달맞이꽃과 비슷-옮긴이)와 비슷한 고운 꽃을 피워 내는 오크라는 여름 동안 조금씩 자라면서 보는 이의 눈을 즐겁게 해줍니다. 각진 오크라, 둥근 오크라, 빨간 오크라 등의 품종이 있습니다.

- 색깔 좋게 삶아서 무치기도 하고, 수프나 된장국이나 튀김으로 먹기도 하고, 점성을 살려 낫또나 참마 등과 함께 먹어도 잘 어울립니다. 빨간 오크라는 삶으면 녹색으로 변하기 때문에 빨간색을 살리려면 샐러드로 만들어 생으로 먹습니다.

- 비타민 B_1, B_2, C, 칼륨, 칼슘, 단백질, 식이 섬유 등을 함유하고 있습니다. 점성 성분의 하나인 펙틴은 속을 잘 다스려주는 역할을 합니다. 역시 점성질인 뮤신은 위 점막을 보호하는 작용을 합니다.

- 잔털이 촘촘히 나 있고, 녹색이 짙은 것을 고릅니다. 개화 후 5~6일 지난 여린 깍지가 부드럽고 맛있어요. 별로 오래가지 않기 때문에 되도록 빨리 먹는 게 좋습니다.

오크라의 밑준비

1. 꼭지 주변 꽃받침의 딱딱한 부분을 돌려가며 잘 벗긴다. → 여기!

꼭지를 잘라버리면 점액 성분이 나오니까, 자르지 마시길!

2. 손에 굵은소금을 묻혀 비비듯 문질러 잔털을 없앤다.

입에 닿는 감촉이 좋아집니다.

소금

3. 끓는 물에 넣어 삶는다. 찬물에 헹구면 색깔이 선명해진다.

체로 건진다.

찬물에 식힌다.

차게 해서 먹으면 맛있어!
색감 좋은 오크라와 토마토 샐러드

1. 오크라는 삶아서 물기를 빼고 딱딱한 꼭지는 잘라 낸 후 먹기 좋은 크기로 자른다.

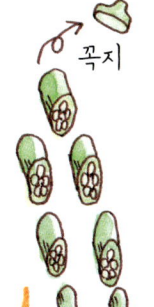

2. 토마토는 한입 크기로 자른다.

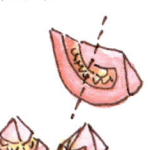

돛단배 모양을 반으로.

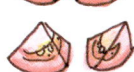

3. 잘 섞은 드레싱으로 버무린다.

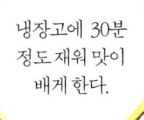

냉장고에 30분 정도 재워 맛이 배게 한다.

재료(4인분)	
오크라	1다발(10개 정도)
토마토	1~2개
드레싱	
식초	1큰술
식용유	1큰술
설탕	1큰술
소금	1작은술
후추	조금
시과사	1~2개

매실의 신맛과 잘 어울립니다!
오크라의 매실, 다랑어 포 무침

재료(4인분)	
오크라	1다발(10개 정도)
우메(매실)보시	1~2개
간장 다랑어 포 육수 흰깨	각각 적당량

1. 오크라는 삶아서 물기를 빼고 딱딱한 꼭지는 잘라 낸 후 먹기 좋은 크기로 자른다.

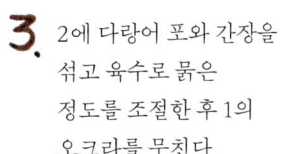

2. 우메(매실)보시는 씨를 발라내고, 부엌칼로 다진다.

3. 2에 다랑어 포와 간장을 섞고 육수로 묽은 정도를 조절한 후 1의 오크라를 무친다.

흰깨를 뿌려 드세요!

세 가지의 '보다'

▶ 어떤 분야에서도 '보다'라고 하는 것은 기본 중의 기본이라고 할 수 있겠지요. 예컨대, 스포츠에서도 "공을 잘 봐."라든가, 디자인에서도 "모티브(제재)를 잘 봐."라고 말하지요. 요리를 익힐 때도 중요한 '보다'가 세 가지 있습니다. 그것은 '(식)재료', '상태', '맛'입니다.

▶ '재료를 보다'는 신선하고 맛있는 재료를 분별하는 것과 동시에 눈앞에 있는 식재료를 살리는 것을 말합니다. "이 시마나는 너무 자랐으니 소금절임보다는 삶은 후 사용하자."라고 하는 것처럼, 재료에 맞는 조리법이나 메뉴를 생각해내는 것과 잇닿아 있습니다.

▶ '상태를 보다'라는 것은 그 요리의 포인트를 파악하는 것을 말합니다. 말하자면 '양파를 볶을' 경우에도 '전체에 기름이 돌 때까지'인지, '숨이 죽을 때까지'인지, '캐러멜색이 될 때까지'인지, 그 메뉴에 어울리는 '상태'를 보고 판단해야 합니다. 그렇게 익혀가노라면 다음번에도 반드시 잘 만들 수 있겠지요.

▶ '맛을 보다'라는 것은 요리의 가장 중요한 클라이맥스입니다. 예를 들어 레시피대로 양념을 넣어도, 그날의 재료나 불의 강약, 물의 많고 적음, 조리 기구 등의 조건에 따라서 맛이 변하기 때문에 반드시 맛을 봐가면서 조리해야 합니다. '바로 이 맛이야!' 하는 느낌이 올 때, 더할 나위 없이 기쁘지요.

▶ 먹거리의 안전이 걱정되어 마음을 놓을 수 없는 요즘, 아이들에게도 '자신의 밥은 스스로 만들어 먹을 수 있는 힘'을 길러주고 싶습니다. 어렸을 적 엄마의 부엌일을 어깨너머로밖에 보지 못해, 주부가 된 후 힘들었습니다. 내 아이들에게는 세 가지 '보다'를 염두에 두면서 경험을 쌓아, 요리를 잘할 수 있게 해주고 싶은 마음이 간절합니다.

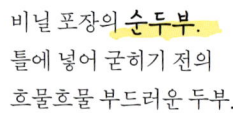

비닐 포장의 **순두부**.
틀에 넣어 굳히기 전의
호물호물 부드러운 두부.

그대로 먹어도
OK!

부드러운
맛입니다!

순두부
육수를 섞어
간을 맞춘다.

막만들었을때
더욱 각별한 맛!

두부

전쟁 전까지는 각 가정에서 손으로 직접 만들었다는 두부는 집밥에 빠져서는 안 되는 식재료로 지금도 사랑받고 있습니다. 누름 제조법으로 만든 섬 두부는 묵직한 무게감이 느껴지고 고소한 맛이 납니다!

'물에 오른 두부'라고도 칭하는 **섬 두부**. 물에 담그지 않고 아치코코(뜨거운 상태)로 판다. 참푸르나 응부시, 무침 요리를 만들 때도 대활약. 물론 그대로 먹어도 맛있다!

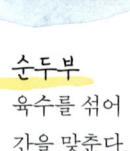

두부 요우
'동양의 치즈'라고도
하는 오키나와의 진미.
두부를 누룩으로 열성
발효시켜 만듭니다.

우지라 두부(우즈라 두부)
으깬 두부에 잘게 썬 채소를
듬뿍 넣고 튀긴 것. 오키나와식
간모도키(유부의 일종-옮긴이).

구운 두부(튀김 두부)
찬합 요리의 기본!

혀에 닿는맛이
매끄럽다.

간 생강

간장, 맛술, 육수를 바짝
졸인 소스를 끼얹어서.

지마미 두부
지마미(낙화생=땅콩)로 만든 두부.

우카라 이리치
두유를 짜고 남은 비지로 만든
이리치. 식이 섬유가 듬뿍!

♪ 집밥의 전래동요 ♪
친콴-토-훈

(뜻)
친콴-	호박에
토-훈	두부
마-산	맛있네

다카에츠 요시히로 채보·작곡

친 콴 - 토-훈 마-산

♪ 친콴-(원을 그린다)   ♪ 토-훈(네모를 그린다)   ♪ 마-산(먹는 시늉을 한다)

* 전래 동요의 멜로디를 따라 노래 부릅니다.
* 손동작을 하면서 익히면 점점 빨리 할 수 있습니다.
* 여러 가지 음식으로 바꿔가면서 해보면 재미있어요.

출처: 다카에츠 요시히로 저 《오키나와의 어린이 놀이노래》

오키나와의 맛있는 말 ②

- **쾨부**   음식 먹을 기회가 생기는 행운.
- **가치마야**   먹보.
- **츄화라**   배부른 상태.
- **와타본본**   물배 채우는 것.
- **치치카카**   체한 것.

가을

시쾨사가 익어가면 긴 여름도 끝이 납니다.

- 오키나와를 중심으로 아마미(쇼토)에서 대만에 걸쳐 분포하는 작은 귤로, 방언명이 일본명이 되었습니다. '시이쿠와샤'라는 것은 '신 것을 먹게 하는(食わせる: 쿠와세루) 것'이란 의미로, 예부터 식초 대용으로 사용돼왔습니다. 또한 과즙에 함유되어 있는 초의 작용을 살려 염색의 촉매제로 사용하기도 하고, 파초포(파초의 섬유로 짠 천-옮긴이)의 세탁에도 이용했습니다. 몇 가지 품종이 있는데 최근에는 씨 없는 것도 나왔습니다.
- 봄에 하얀 꽃이 피고, 초여름에 작은 열매가 열립니다. 10월경까지는 열매가 녹색인데, 사시미에 짜서 뿌리기도 하고, 식초와 함께 무침이나 드레싱에도 사용합니다. 익어서 노래지기 시작하면 당도가 높아져, 생으로 먹기도 하고 주스나 과자로 만들어 먹습니다.
- 카로틴이나 비타민 C, 칼륨 등을 함유하고 있습니다. 또한 혈당의 수치나 혈압 상승을 억제하는 작용을 하는 '노빌레틴'이라는 성분을 귤류 중에서 특히 많이 함유하고 있습니다.

간다바 (고구마 잎)
메꽃과

- ♦ 간다바란 고구마 잎을 말하는데, 고구마가 주식이었던 때부터 줄곧 이용해왔습니다. 근래에는 잎만 먹기 위한 품종도 나왔고, 줄기도 잎도 연해서 먹기 좋게 재배한 것도 나와 있습니다. 잎채소가 줄어드는 여름부터 가을에 걸쳐 나오는 귀중한 녹황색 채소입니다.
- ♠ 추억의 맛의 대표 격인 간다바 쥬시 이외에, 볶음 요리, 무침 요리, 된장국 재료로 폭넓게 활용할 수 있습니다. 가열하면 점액이 나오므로 신속하게 요리합시다.
- ♥ 비타민 A, C, B_1, B_2, 철분, 식이 섬유 등이 함유되어 있습니다. 폴리페놀이나 카로티노이드가 풍부한 것으로도 관심을 모으고 있습니다.
- ♣ 녹색이 진하고 싱싱한 것으로 고릅니다. 잎채소이므로 빨리 사용하는 것이 기본입니다.

간다바쥬시

속이 편해!

1. 냄비에 밥과 육수를 넣고 가열한다.
2. 끓어오른 다음 불을 줄이고 삼겹살과 간다바, 식용유를 넣어 익힌다.
3. 밥이 부드러워지면 된장으로 간을 맞춘다.

좀 크다 싶으면 찢어서 넣는다.

간다바 / 삼겹살 / 식용유

부글부글 끓어오르지 않도록 뭉근하게 끓인다.

식이 섬유가 듬뿍 들어간 건강식 쥬시!

고구마를 넣어도 맛있다.

재료(4~5인분)

- 잎 부분을 뜯어 씻어놓는다.
- 간다바 (고구마 잎) 약 100g
- 밥 약 300g
- 육수 (돼지나 다랑어 포 육수) 5~8컵
- 된장 40~50g (기호에 따라 조절.)
- 돼지 삼겹살 (삶은 것) 네모 썰기. 50~60g
- 식용유 1~2큰술 (간다바의 찐득거림을 없앤다.)

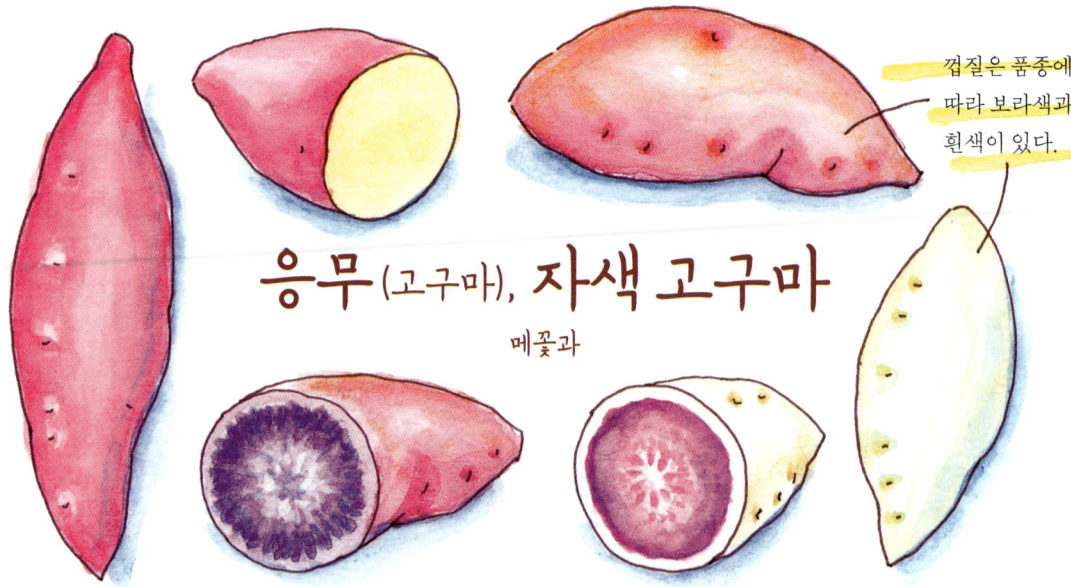

껍질은 품종에 따라 보라색과 흰색이 있다.

응무(고구마), 자색 고구마
메꽃과

- ♦ 17세기 초 노구니총관(野國總管)이 중국에서 가져온 이후, 고구마는 오랫동안 오키나와 사람들의 주식이 되어 삶을 지탱해주었습니다. 오키나와에서는 단순히 '응무(고구마)' 혹은 '토응무(당唐고구마)'로 불렸습니다만, 그 후 가고시마(사츠마)를 거쳐 전국에 퍼진 까닭에 일본명이 '사츠마이모'가 되었습니다.

- ♥ 고구마는 비타민 C, E, 칼륨, 식이 섬유가 풍부합니다. 식이 섬유는 속을 잘 다스려주는 역할을 합니다.

- ♦ 근래 오키나와의 특산물로 알려지게 된 '자색 고구마'는 주로 전쟁 후에 개발된 품종으로 예쁜 보라색이 특징입니다. 특유의 색을 살린 과자 등도 인기를 끌고 있습니다.

- ♥ 자색 고구마의 보라색은 폴리페놀의 일종인 안토시아닌입니다. 안토시아닌은 간 활동을 돕고 혈류를 좋게 하고, 혈압을 내리는 등의 효과가 있다고 합니다.

고르는 법

▶ 어느 정도 크기가 있고 표면이 탱탱한 것으로 고릅니다.

▶ 자색 고구마, 고구마, 또는 간다바, 운치 등은 해충 때문에 날것 그대로는 오키나와 밖으로 가지고 나갈 수 없습니다.

너무 가는 것은 질긴 경우가 많아요.

저온에 약하므로 냉장고에는 넣지 않도록.

쪄서 말린 것이나 가공품이라면 OK!

통풍이 잘 되는 어두운 곳에 보관.

자색 고구마 칩
자색 고구마 플레이크
자색 고구마 현미

식탁에 색깔을 입히다
자색 고구마 킨톤

1. 자색 고구마는 굵직굵직 둥글게 잘라서, 껍질을 두껍게 벗긴 후 물에 담가 떫은맛을 뺀다.

떫은맛 없애기

껍질 근처가 떫은맛이 강하므로 두껍게 벗긴다.

2. 사과는 껍질을 벗겨, 은행잎 썰기를 해서 설탕을 뿌려놓는다.

설탕

재료	
자색 고구마	300g
사과	¼개
설탕	1큰술
물	½컵
설탕	¼~½컵
맛술	1큰술
소금	조금

3. 자색 고구마 1개를 부드럽게 쪄서 뜨거울 때 체에 으깬다.

주걱

쳇불 위에 놓고 비스듬하게 누른다.

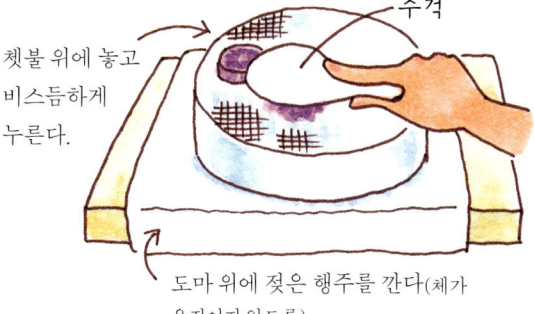

도마 위에 젖은 행주를 깐다(체가 움직이지 않도록).

4. 3의 자색 고구마와 물, 설탕, 소금을 냄비에 넣고 열을 가해 어느 정도 끓인 후, 2의 사과와 맛술을 넣고 윤기가 생기면서 차져질 때까지 중불로 조린다.

5. 작은 그릇에 보기 좋게 담는다!

✱ 조금 더 조린 것을 파이 속에 넣고 오븐에서 익히면 자색 고구마 파이 완성!

할머니의 건강요리
우무와카시 (고구마와카토)

재료(4인분)	
고구마	300g
푸른 잎 채소	적당량
육수	4컵
된장	적당량

1. 고구마는 씻어서 껍질을 두껍게 벗긴 후 각도를 바꿔가며 한입 크기로 자른다.

물에 담가 쓴맛을 뺀다.

2. 냄비에 육수와 고구마 1개를 넣고 열을 가해 끓어오르면 중불로 줄인다. 고구마가 부드러워지면 푸른 잎 채소와 된장을 넣어 마무리한다.

✱ 푸른 잎 채소는 간다바(고구마 잎), 운최, 시금치 등으로 하면 좋다.
✱ 삼겹살(삶은 것)을 넣으면 볼륨감이 생긴다.

가을에 피는 예쁜 꽃.

콴소
(원추리)
백합과

금계채의 재료가 되는 꽃봉오리.

♦ 원추리는 백합과 원추리속의 총칭으로, 원추리, 홑왕원추리, 왕원추리 등의 종류가 있습니다. 여름부터 가을에 걸쳐 백합꽃처럼 생긴 오렌지색 꽃을 피웁니다. 이 꽃봉오리를 쪄서 말린 것이 중국요리에 사용되는 '금계채'입니다. 오키나와에서도 예부터 약이 되는 식물로 익숙해져 있고, 꽃, 잎, 뿌리를 함께 이용해왔습니다. 별칭으로 '가을의 망년초'라고도 부르는데, 고민이나 걱정을 잊게 해준다고 합니다.

♠ 꽃은 살짝 데쳐 샐러드나 무침으로 한다든지, 튀김, 단 식초절임 등으로도 만들어 먹습니다. 잎의 밑동인 하얀 부분이나 뿌리를 소고기와 익혀 먹으면 숙면을 취할 수 있다고 합니다. 냄새가 없고 맛이 상큼해서 나물무침에도 어울립니다. 어떤 부분이든 꼭 익혀서 먹읍시다.

♣ 녹색이 진한 잎 끝부분은 억세니까, 될 수 있으면 흰 부분이 많은 것을 고르세요.

✱ 콴소는 백합과의 식물로, 콩과의 '칸조(甘草: 감초)'와는 다릅니다.

콴소나물무침
산뜻하게, 사각사각!

녹색이 짙은 부분은 억세어 먹기 힘들다.

1. 콴소는 밑동의 흰 부분을 3~4cm 길이로 잘라 데친다.

끓는 물에.

2. 씹는 맛을 느낄 수 있도록 너무 무르지 않게 데친 다음, 찬물에 담갔다가 물기를 뺀다.

3. 그릇에 담아 다랑어 포와 간장을 넣어 먹는다.

재료	
콴소	적당량
다랑어 포	적당량
간장	적당량

간장과 같은 양의 육수를 넣은 맑은 간장으로 무치면 맛이 순해지고, 폰즈로 무치면 맛이 상큼해집니다.

숙면을 취하고 싶은 밤에는…
콴소 소고깃국

1. 콴소는 밑동의 흰 부분을 잘 씻어 어슷썰기를 한다.

2. 소고기는 한입 크기로 잘라 소금으로 밑간을 해둔다.

3. 냄비에 육수와 1의 콴소, 2의 소고기를 넣고 강불에 올린다. 끓기 시작하면 거품을 걷어 내고 중불로 줄인다.

재료(4인분)	
콴소	½다발
소고기(얇게 썬 것)	300g
육수	4컵
된장(기호대로)	조금
소금	조금
식용유(기호대로)	조금
술	조금

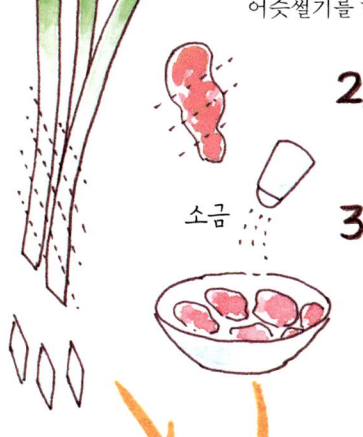

식용유를 넣으면 콴소가 부드럽게 익는다.

4. 술과 식용유를 넣고 재료가 부드러워질 때까지 30~40분 끓인 후, 된장과 소금으로 간을 한다.

마무리 — 된장, 소금

다른 채소도 넣어 건더기를 많이 해서 먹어도 좋다!

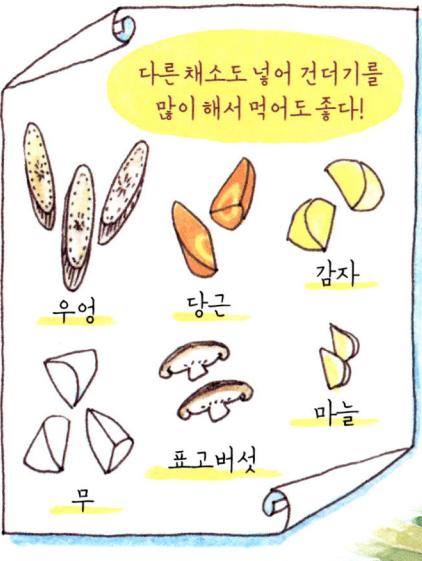

우엉 · 당근 · 감자 · 무 · 표고버섯 · 마늘

큰 사발에 담아…

시마나 (갓)
유채과

♦ 수많은 푸른 잎 채소 중에서도 '시마나(섬 채소)'라는 이름을 거머쥔 갓. 그만큼 오키나와 사람들 곁에 가까이 있는 채소겠지요. 거의 일 년 내내 시장에 나옵니다.

✳ 오키나와에서는 '섬 두부', '섬 술', '섬 당근' 등, 오키나와에서 재배한 것들에 애정을 담아 '섬(島)'을 붙여서 부르는 경우가 많습니다.

♠ 기본적으로는 소금절임을 한 후 사용하지만, 잎이 너무 자라 억세거나 매운맛이 강해진 경우에는 살짝 삶는 것도 좋은 방법입니다.

소금절임으로 한 것을 '치키나'라고 하는데 생채소와는 또 다른 풍미가 납니다. 절임으로 보존할 수 있을 뿐 아니라, 참푸르나 볶음밥에 넣어도 맛있는 '치키나'는 급할 때 도움이 됩니다.

♥ 카로틴, 비타민 B_2, C, 칼륨, 칼슘, 철분 등이 들어 있습니다. 독특한 매운맛의 성분이 식욕을 자극하는 역할을 합니다.

♣ 잎의 색이 진하고 탄력이 있는 것, 연하고 작은 듯한 것을 고릅니다. 치키나로 만들면 오래 보존할 수 있지만, 그렇지 않을 경우 살짝 데쳐 물기를 짜서 냉장고에 보관합니다.

치키나 만드는 법

1. 시마나는 잘 씻어 물기를 뺀 후 잠시 소금을 뿌려둔다.

시마나 1다발(200~300g)에 소금 1작은술(5~6g)이 적당. 기호대로 조절해도 된다.

소금

줄기 부분에 좀 더 많이 뿌린다.

2. 시마나가 숨이 죽으면 손바닥 밑부분으로 누른다.

무거운 돌로 눌러도 좋다.

꾹꾹

✳ 30분 정도 지나서부터 사용할 수 있는데 반나절 정도 두면 맛이 잘 밴다.
✳ 물에 헹군 후 요리한다.

보존할 경우 냉장고에 4~5일.

밀폐 용기에.

금방 만들 수 있는, 쓴맛이 별미인 곁반찬!
치키나 타시야

1. 치키나는 맛을 보고 짜다 싶으면 소금기를 뺀다.

짠 정도에 따라…

물에 담그든가,

물에 헹구든가 한다.

2. 물기를 짜서 2~3cm 길이로 썬다.

3. 캔 참치는 기름을 빼둔다.

이 기름을 볶을 때 사용하는 것도 한 수!

간장은 팬 가장자리에 둘러 향이 나게 한다.

간장

둘러가면서 넣는다.

치-익

4. 팬에 식용유를 두르고 열을 가한 후 치키나와 참치를 볶는다.

5. 맛을 보고 필요하면 소금으로 간을 조절한다. 마지막으로 다랑어 포를 넣는다. 향이 배도록 간장을 두른다.

물론 돼지고기와 두부를 사용해 참푸르를 만들어도 맛있다!

재료(4인분)
(물기를 짠) 치키나	1다발 (약 200g)
캔 참치	1캔
식용유	1~2큰술
간장	적당량
다랑어 포	적당량
(소금	적당량)

매운맛이 맛있어!
치키나 볶음밥

재료(4인분)
치키나	80g
밥	600g
지리멸치	3큰술
달걀	2~3개
식용유	2큰술
다랑어 포	½컵
소금	조금
간장	조금

1. 치키나는 맛을 봐서 짜다 싶으면 소금기를 빼고 물기를 짜서 잘게 썬다.

1~2cm.

2. 달걀 푼 것에 밥을 넣어 섞는다.

식은 밥

밥알 하나하나에 달걀을 입힌다.

다랑어 포 지리멸치 치키나

3. 팬에 식용유를 두르고 열을 가해 2의 밥이 꼬들꼬들해질 때까지 볶는다.

4. 그 밖의 재료를 넣고, 소금과 간장으로 간을 한다.

너무 섞지 않는 것이 포인트!

마무리로 흰깨를 뿌려 먹는 것도 좋다!

완숙 파파야(과일).

한가운데 부분이 자라서 열매가 된다.

암꽃   수꽃

덜 익은 파파야(채소).

파파야
파파야과

가로로 자르면 단면이 별 모양! 정말 놀라워.

- ♦ 오렌지색으로 익은 열매가 남국의 과일로 알려져 있지만, 오키나와에서는 일반적으로 덜 익은 녹색 파파야를 채소로 먹습니다. 오래전부터 민가의 뜰에 심어 직접 키워 먹는 채소로도 귀하게 여겨왔지요. 태풍이 지난 뒤, 뜰에 떨어진 파파야를 요리해 먹곤 했다는 추억을 이야기하는 사람도 많습니다. 파파야는 뿌리를 뻗어 열매를 많이 맺으면 휘어져 부러지기도 하는데 그곳에서 다시 새순이 나옵니다.
미야코 지방에서는 이것을 좋은 징조로 여겨 축하 요리에도 사용한다고 합니다.

- ♠ 예부터 모유를 잘 나오게 한다고 전해져, 파파야의 즙이나 조림 요리는 지금도 산모들이 즐겨 먹는 메뉴입니다. 채칼로 채를 내려 이리치로 만들어 먹는 것도 인기가 있어서, 시장이나 슈퍼마켓에서 아예 채 썬 파파야를 살 수 있습니다.

- ♥ 비타민 C나 A, 그리고 칼륨 등의 미네랄도 풍부합니다. 파파인이라고 하는 단백질 분해 효소가 들어 있어서 고기와 함께 조리면 고기가 부드러워져 소화가 잘 됩니다. 파파야가 익으면 덜 익은 파파야보다 카로틴이 4배가량 많아집니다.

- ♣ 껍질이 마르지 않고 볼륨감이 있으며 묵직한 것으로 고릅니다. 통째로 된 것은 통풍이 잘 되는 곳에, 자른 것은 랩으로 싸서 냉장고에 보관합니다.

파파야 밑준비

1. 파파야를 길이로 자른다.

2. 씨를 파낸다.

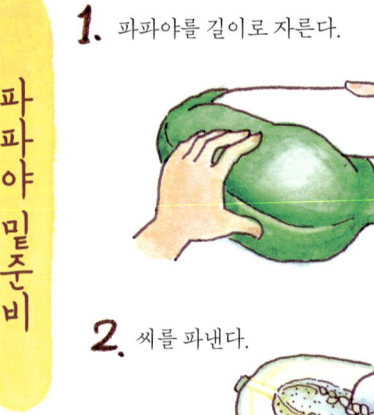

3. 손에 쥐기 쉬운 크기로 잘라 껍질을 벗긴다.

파파야에서 나오는 유액은 자극성이 있으므로, 피부가 민감한 사람은 장갑을 끼면 안심.

4. 요리하기에 알맞게 자르고, 흐르는 물에 씻어 떫은맛을 뺀다.

식감은 무와 비슷! 파파야 이리치

1. 파파야는 껍질을 벗겨 채칼로 채를 내린다.

2. 물에 담가 떫은맛을 없애고 물기를 뺀다.

3. 베이컨은 네모 썰기, 파는 잘게 자른다.

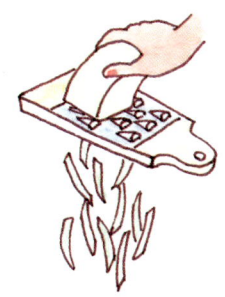

재료(4인분)

파파야	작은 것 1개 (약 400g)
베이컨	80g
식용유	적당량
육수	½컵
소금	조금
간장	조금
파 혹은 부추	조금

육수

> 베이컨의 기름 상태를 보고 식용유양을 조절한다.

4. 팬에 식용유를 두르고 열을 가해 베이컨을 넣는다. 기름이 녹기 시작하면 파파야를 넣고 볶는다.

5. 육수를 넣고 소금과 간장으로 간을 한다. 육수가 자작해지면 파를 뿌려서 완성!

반찬으로는 물론, 산모에게도 최고! 파파야 돼지갈비탕

77쪽 '돼지갈비탕'의 재료에서 '무' 대신 '파파야'를 사용해 만듭니다. 파파야는 미리 데치지 않아도 됩니다.

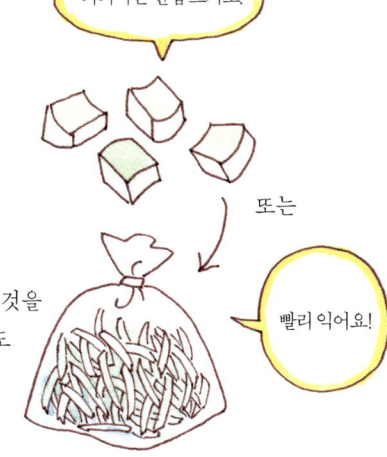

> 파파야는 한입 크기로.

또는

> 빨리 익어요!

채 내린 것을 사용해도 OK!

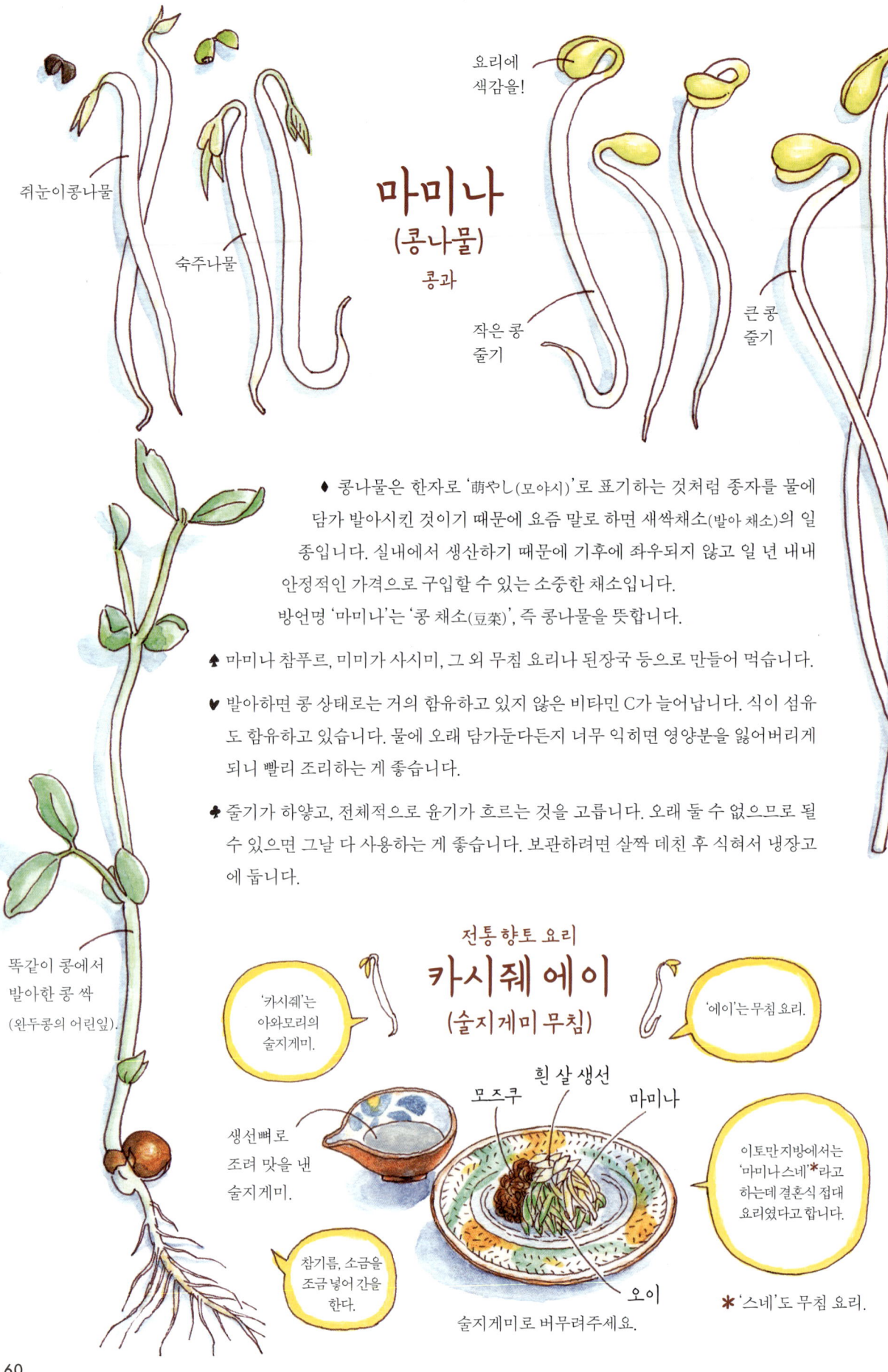

마미나가 꼭 들어가야 하는 일품요리!
미미가 사시미

1. 미미가는 미리 삶아둔 것을 구해 4cm 길이로 잘게 잘라, 소금을 쳐서 한참을 둔다.

소금 (분량 외)

4cm

끓는 물에 삶아 소금기와 기름기를 뺀 후 물로 씻어 물기를 빼둔다.

삶는다.

씻어서 물기를 뺀다.

2. 오이는 채 썬다.

마미나는 삶아서 체에 밭쳐 식초를 뿌려둔다.

식초

재료(5인분)

미미가(돼지 귀)	100g
오이	1개
마미나	60g

땅콩 식초

땅콩버터	3큰술(50g)
흰 된장	2작은술~1큰술
설탕	1~2큰술
소금	½작은술
식초	3큰술

3. 땅콩 식초의 재료를 잘 섞어 1과 2를 무친다.

땅콩 초무침

땅콩의 고소한 맛이 매력!

상큼한 무침

양념 식초(27쪽)에 육수, 간장, 참기름을 조금씩 넣어 무친다.

다급할 때의 조력자!
마미나 참푸르

재료(4인분)

마미나	300g
섬 두부	½모(약 300g)
부추	50g
식용유	1~2큰술
소금	적당량
간장	조금

밑준비

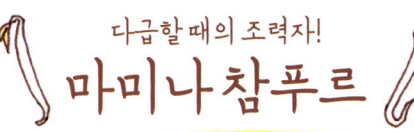

섬 두부는 손으로 떼어 물기를 빼둔다.

마미나는 수염뿌리를 다듬는다.

씻어서 물기를 빼둔다.

다랑어 포

부추는 3~4cm 길이로 자른다.

3~4cm

밑준비가 다 되면 21쪽의 '참푸르의 기본'을 참고해서 만든다 (3의 과정은 생략한다).

고기를 넣으면 볼륨감이 커집니다. 고기를 넣지 않아도 상큼하고 맛있어요!

하나하나가 일품요리

▶ 헤이세이 19년(2007년)에 농림수산청이 선정한 '농어촌과 산촌의 향토 요리 100선'. 오키나와 요리 중에서는 '오키나와 소바', '고야 참푸르', '오징어 먹물국(이카스미 시루)'이 선정되었습니다. '향토 요리 100선'이라고는 하나 선정된 수는 99가지였습니다. "여러분 각자가 생각하는 자신만의 향토 요리를 추가해서 100선을 완성해주세요."라는 선정 위원회의 깊은 뜻이 있었기 때문이었다고 합니다. 같은 곳에 살고 있다 하더라도 과연 사람마다 '이거야!'라고 생각하는 요리가 다 다르기 때문에 사려 깊은 조처였다고 생각합니다.

▶ 나의 마지막 한 가지 일품요리를 고르라면, 뭐니 뭐니 해도 '당근 시리시리'입니다. 오키나와에서 배운 요리 중에 좋아하는 요리가 물론 많지만 맛, 간편한 요리법, 색감, 귀여운 요리명 등을 따져보면 단연 최고입니다.

▶ '시리시리'는 채칼로 스리스리하게(일본말로 'する스루'는 '밀다' 혹은 '깎다'라는 뜻인데 일본어의 음률을 살려 '스리스리' 혹은 '시리시리'라는 부사어로 구사하기도 한다-옮긴이) 내린 채를 말하는데, '시리시리한(채를 내린-옮긴이)' 당근은 부엌칼로 딱딱하게 자른 채보다 훨씬 부드럽고 맛도 배기 쉬운 것 같아요. '시리시리' 하면, 역시 '당근 시리시리'입니다. 부엌칼을 사용하지 않고 만들 수 있으니까 아이들에게 전수할 수 있는 요리로도 안성맞춤입니다. 식용유로 볶으면 당근의 카로틴이 쉽게 흡수되어 영양 면에서도 뛰어납니다. 당근의 오렌지색과 달걀의 노란색이 산뜻해서 식탁이 화사해집니다. 도시락에 넣으면 도시락 전체를 환하게 해주는 중요한 역할을 하지요.

▶ 여러분이 선택한 '마지막 한 가지 일품요리'는 무엇일지 궁금합니다.

나의 일품요리!
당근 시리시리

재료

- 당근 ············ 2개
- 캔 참치 ········· 1캔
- 달걀 ·········· 1~2개
- 소금 ············ 적당량
- 가는 파 ········· 적당량

1. 당근은 껍질을 벗겨 채칼로 채를 내려둔다.

> 손을 베지 않도록!

> 채칼을 '시리시리'라고 부르기도 한다.

2. 달걀은 잘 풀어두고, 가는 파는 잘게 썰고, 캔 참치는 기름을 빼둔다.

> 당근잎이 있다면 당근잎도 OK!

> 캔참치 없이 당근과 달걀만 있어도 맛있어요!

3. 팬에 식용유를 두르고 열을 가한 후 당근, 참치를 넣고 볶는다.

가는 파 달걀 푼 것 소금

4. 전체적으로 열을 가한 후, 소금으로 간을 하고 달걀 푼 것을 부어 마지막에 가는 파를 뿌린다.

> 기름에 볶으면 당근에 함유된 카로틴의 흡수율이 좋아집니다!

당근의 단맛이 듬뿍!

실컷 먹어요!

소민 타시야
(소면볶음)

재료(1인분)
- 소면 ············ 2묶음
- 소금 ············ ½작은술
- 기름 ············ 조금
- 식용유 ·········· 적당량
- 쪽파 ············ 적당량

1. 소면은 끓는 물에 잘 퍼뜨려 넣는다. 두 번 끓어오르면 소쿠리에 부어 재빨리 물로 헹군 후 물기를 뺀다. 소금과 기름을 뿌려둔다.
2. 쪽파는 잘게 썬다.
3. 냄비에 식용유를 두르고 열을 가해 1의 소면을 잘 섞어가며 볶아 전체에 기름이 돌게 한 후, 쪽파를 뿌려 마무리한다.

소민(소면)

상온에 보존할 수 있는 소면이나 후는 급할 때 도움이 되는 존재. 휴일 점심이나 태풍이 불 때에도!

후(구루마 후)

재료(3인분)
- 구루마 후 ········ 1개
- 달걀 ············ 2~3개
- 소금 ············ ½작은술
- 식용유 ·········· 적당량
- 육수 ············ ¼컵
- 부추 ············ 10g

> 당근을 넣으면 색감이 좋아져요.

1. 구루마 후는 전체를 물에 적셔서 마디를 손으로 잘라 물에 불린다.

2. 충분히 부드러워지면 물기를 짠다.

> 잘 짜는 것이 포인트!!

> 꾸-욱.

3. 2의 후를 한입 크기로 손으로 떼어둔다.

> 후에 달걀을 잘 입힌다.

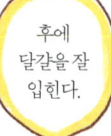

4. 볼에 달걀을 풀어 소금을 치고 3의 후를 섞어 한참 재워둔다.

5. 부추는 잘게 썬다.

6. 팬에 식용유를 두르고 열을 가해 4의 후를 넣고 볶는다. 육수를 넣어가면서 한참을 끓인 후, 마지막에 부추를 넣고 마무리한다.

> 노릇노릇하게 볶는다.

후이리치

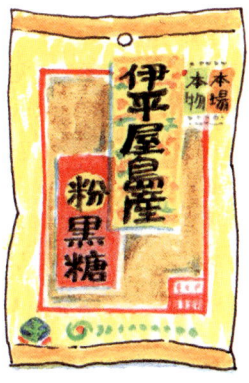

쿠루자타(흑설탕)
사탕수수 짠 즙을 졸여 만든다. 섬에 따라 맛이 다르기도 하다.

섬 마스(섬 소금)
바닷물로 만든다. 제조법과 종류가 다양한데 주로 미네랄 성분을 많이 함유하고 있다.

악센트로 사용한다.

조미료

집밥의 맛을 살려주는 조미료들.
천혜의 자연의 맛을 그대로 살린
깊은 맛을 내는 것이 많아요.

코레구스
아와모리에 섬 고추를 넣어 절인 것(오키나와 소바와 사시미에 뿌린다).

휘화치(섬 후추)
히와츠모도키(후추과 나무로 오키나와, 특히 이시카키섬에 많다-옮긴이)의 열매를 볶은 후 가루로 만든 향신료. 야에야마(八重山) 소바에 뿌려 먹는다.

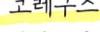

작고 매운 섬 고추.

돼지 육수와 함께 집밥의 맛을 내는 기본입니다.

생과일이 없는 계절에도.

시마자키(아와모리)
특별한 조미료를 만들 때도 이 맛있는 술 한 방울이면 그만.

시콰사 과즙
식초 대신 드레싱으로.

다랑어 포

오키나와의 맛있는 말 ③

- 콰치   맛있는 음식.
- 마산   맛있다.
- 우사가미소레   잡수세요.
- 콰치 사비라   잘 먹겠습니다.
- 콰치 사비탄   잘 먹었습니다.

겨울

우지(사탕수수)의 이삭이 패면, 우지가 단맛을 품기 시작했다는 신호입니다.

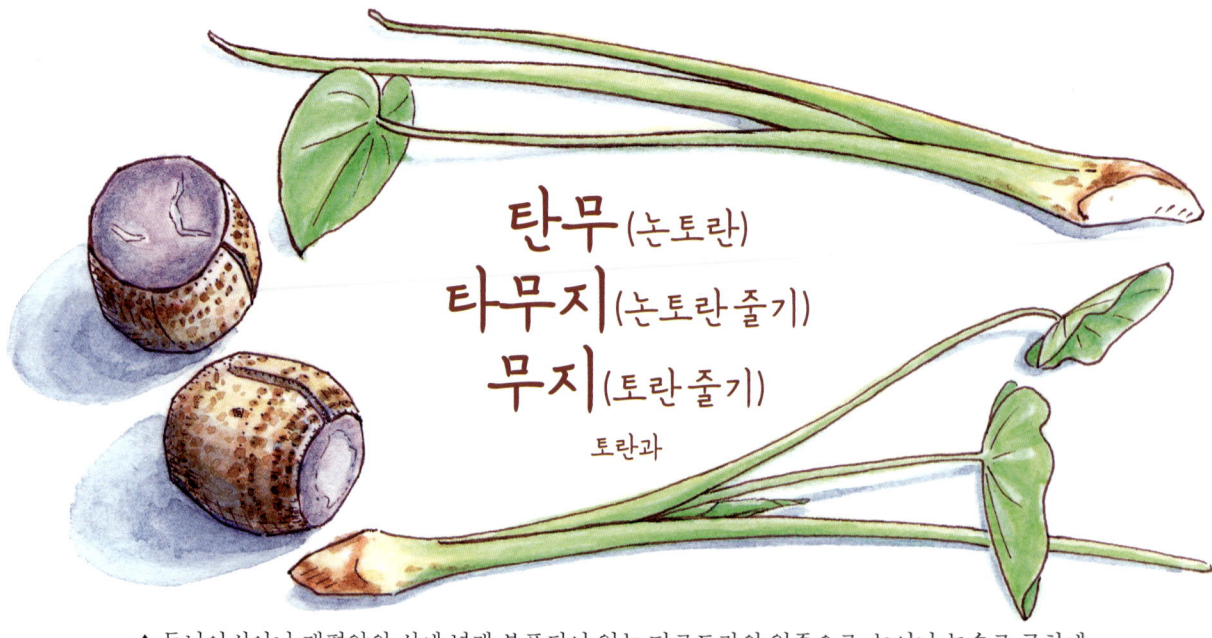

탄무 (논토란)
타무지 (논토란줄기)
무지 (토란줄기)
토란과

- ♠ 동남아시아나 태평양의 섬에 넓게 분포되어 있는 타로토란의 일종으로, 논이나 농수로 근처에서 재배되기 때문에 '논토란(田芋)' 또는 '물토란(水芋)'이라고 합니다. 어미 토란 주위에 새끼 토란이 많이 붙어 있어서 자손 번영의 상징으로, 축하 요리에 많이 사용합니다. 겨울이 제철입니다만, 정월, 청명, 백중일(음력 7월 15일) 등의 행사에 맞춰 출하됩니다.

- ♠ 출산을 축하할 때 대접하는 '무지누국(토란 줄기, 즉 무지를 돼지고기, 섬 두부 등과 함께 육수에 넣고 끓여 된장으로 간을 한 국 요리-옮긴이)', 경사스러운 자리의 기본 메뉴인 '탄무 딘가쿠(70쪽)', 슈리나 나하에 전해진 '도루 와카시(69쪽)' 등이 대표 요리입니다. 으깨어서 단맛을 가해 걸쭉하게 만들어 먹는 '탄무유'도 있습니다. 탄무는 쪄서 팔고 있습니다만, 떫은맛이 강해 한 번 더 삶아서 떫은맛을 없앤 후 조리합니다. 타무지는 피부에 자극을 주기 쉬우므로, 조리할 때는 장갑을 끼는 등 주의가 필요합니다.

- ♥ 탄무는 수분이 적고, 토란보다 열량이 약 2배나 됩니다. 철분, 칼슘도 함유하고 있습니다. 탄무, 타무지 모두 식이 섬유가 풍부합니다.

- ♣ 크고 자줏빛이 진한 것, 수분이 없는 것을 고릅니다. 오래 보관할 수 없으므로 빨리 사용하거나 냉동 보관합니다.

탄무의 밑준비

1. 껍질을 벗긴다.
   - 옆으로 원을 그리듯 벗긴다.

2. 요리하기 좋게 잘라, 충분히 끓은 물에서 5~7분간 삶는다.
   - 나오는 거품은 꾸준히 걷어 낸다!

3. 체에 밭쳐 물기를 뺀다.

타무와 무지의 하모니!
도루와카시

줄기가 많은 것이 슈리풍, 토란이 많은 것이 나하풍.

> 어느 쪽이냐 하면, 슈리풍의 레시피입니다.

재료(5인분)

타무지	1다발(500g)
탄무	300g
삶은 돼지 삼겹살	50g
식용유	1큰술
(말린) 표고버섯	3송이
판 어묵	20g
흰 된장(단맛)	40g
돼지 육수	1~1½컵

타무지의 밑준비

타무지의 뿌리 부분의 토란은 작기 때문에 잘라두었다가 된장국 등에 사용한다.

잘 씻어 표면의 껍질(섬유질)을 벗긴다.

> 가렵기 쉬우니 맨손으로 만지지 않도록.

장갑이나 비닐봉지로 감싼다!

3cm 길이로 잘라, 부드러워질 때까지 삶는다.

면행주에 싸서 꼭 짠다.

1. 탄무는 껍질을 벗기고 둥글게 잘라 밑준비를 한다(68쪽 참조).

> 비닐봉지에 넣고 봉으로 쳐서 어느 정도 부순 후에 삶는다.

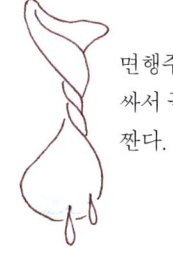

2. 다른 재료는 4mm로 깍둑 썬다.

물에 불린 표고버섯

삶은 돼지 삼겹살

판 어묵

3. 냄비에 식용유를 두르고 가열해 돼지 삼겹살을 넣고, 기름이 녹으면 재료를 순서대로 넣는다
(판 어묵은 아직 넣지 않기).

① 식용유

② 돼지 삼겹살

③ 탄무

④ 타무지

⑤ 표고버섯

⑥ 돼지 육수로 푼 된장

⑦ (마지막에) 판 어묵

5. 좀 더 잘 섞어가면서 으깨어 마지막에 판 어묵을 넣고 설탕, 소금을 조금씩 넣어가면서 맛을 낸다.

'아지쿠타'의 대표 선수!

4. 돼지 육수로 푼 된장을 넣고 나무 주걱으로 으깨가면서 섞는다.

손이 많이 가지만 잘 만들면 최고의 일품요리!

중불

축하 잔치에 없어서는 안 되는 음식!

탄무 딘가쿠

'덴가쿠'라는 이름이 붙어 있지만, 흔히 말하는 '덴가쿠야끼(田樂燒き: 두부, 가지, 삶은 토란이나 곤약, 생선 등을 꼬치에 끼워 된장을 발라 구운 꼬치 요리-옮긴이)'와 다릅니다. '킨톤'이라고 하는 편이 맞을 거 같네요.

1. 탄무는 껍질을 벗겨서 2cm로 깍둑 썰어 미리 삶아 물기를 빼둔다(68쪽 참조).

2. 냄비에 끓인 물과 탄무를 넣고 열을 가해 탄무가 부드러워지면 설탕과 소금을 넣는다.

3. 가끔 저어주면서 약불로 천천히 익힌다.

4. 탄무가 익으면서 차져지기 시작하면 맛술을 넣고 윤기를 낸 후 생강즙을 넣어 마무리한다.

5. 작은 용기에 담은 후, 레몬이나 귤의 껍질을 뿌리면 향긋한 향이 밴다.

재료(5인분)	
탄무	500g
끓인 물	1½~2컵
설탕	100g
소금	조금
맛술	조금
생강즙	적당량
레몬(귤) 껍질	조금

구스지 사비라(결혼 축하해)!

경사스러운 자리의 기본 요리 몇 가지

* 밀가루에 설탕, 홍색 식용색소를 넣어 넓은 끈 모양으로 만든 과자. 남녀의 사랑을 연결해준다고 한다.

** 한쪽을 다른 한쪽보다 크게 만든 튀김 과자. 남자를 상징.

*** 설탕을 넣은 공 모양의 튀김 과자. 여자를 상징.

♪ 집밥의 전래동요 ♪

니요-요- 니요-

	(뜻)
니요-요- 니요-	니요-요- 니요-
쥬우시-야	죽이
니-토-쿠토우	끓고 있으니
큐-요-야-	어서 와
니요-요- 니요-	니요-요- 니요-

(니요는 남자아이 이름)

♩ = 약 88

다카에츠 요시히로 채보·작곡

니 요 요 니 요 쥬 우 시 야 니 토 쿠 토 우

쿠 요 야 니 요 요 니 요 -

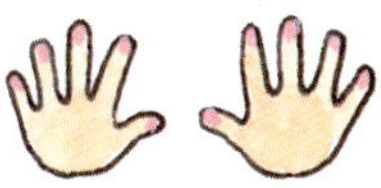

니 → 2	야 → 8
요 → 4	토 → 10
쥬 → 10	쿠 → 9
시 → 4	

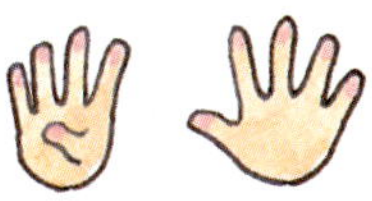

✱ 가사에 맞춰 손동작을 합니다.

출처: 다카에츠 요시히로 저《오키나와의 어린이 놀이노래》

베란다의 아타이과

▶ "이거, 할아버지 밭에서 오늘 아침에 딴 고야야.", "우리 집에서 기른 후린나* 먹어봐." 가끔 친구들에게서 막 뜯어 온 채소를 받은 적이 있습니다. 신선한 채소의 맛을 즐기게 되는 한편, "이렇게 채소를 잘 기를 수 있다면 좋겠다아~." 하는 부러운 맘도 듭니다.

▶ 그런 친구들의 발끝도 못 따라가지만, 나도 조금씩 채소 기르기에 도전하고 있습니다. 그렇긴 하지만 우리 집은 빌라 3층이기 때문에 베란다와 부엌 창가 쪽밖에 공간이 없습니다. 태풍이 불면 플랜터나 화분을 전부 실내로 들여놔야 하기 때문에 여름에는 규모를 줄일 수밖에 없지만, 겨울은 비교적 안심하고 여러 가지 시도를 해볼 수 있습니다.

▶ 겨울 채소로 추천하고 싶은 것이 무, 당근 등 뿌리채소입니다. 작은 사이즈의 품종도 있습니다만, 쌀자루 등 큰 비닐봉지를 사용하면 어느 정도 큰 것들도 기를 수 있습니다. 키우면서 어린잎을 솎아 맛있게 먹을 수 있는 건 집에서 직접 길렀을 때만이 맛볼 수 있는 즐거움이겠지요. 뿌리채소는 뽑아보기 전까진 크기를 알 수 없어 두근거리지만, 뿌리가 크지 않더라도 잎을 먹을 수 있어 좋습니다. 아이들이 어릴 때 "영차, 이영차!" 하면서 함께 섬 무를 뽑았던 때가 그리워지네요.

▶ 씨를 뿌린 며칠 후, 땅속에서 작은 싹이 얼굴을 내밀었을 때의 기쁨은 몇 번을 겪어도 즐겁기만 합니다. 식물이라고는 해도 '생명'을 부여받았다는 걸 실감하는 순간입니다. 벌레가 붙어 잘 크지 못했을 때에도 느닷없이 꽃을 피워 올려 마음을 평화롭게 해주는데, 그것 역시 큰 기쁨이지요. 좁은 베란다의 아타이과*입니다만, 자연의 섭리를 느끼면서 겸허한 기분을 갖게 되는 소중한 장소입니다.

✱ 후린나: 시금치
✱ 아타이과: 집 주변의 작은 텃밭

어느 겨울 우리 집 아타이과

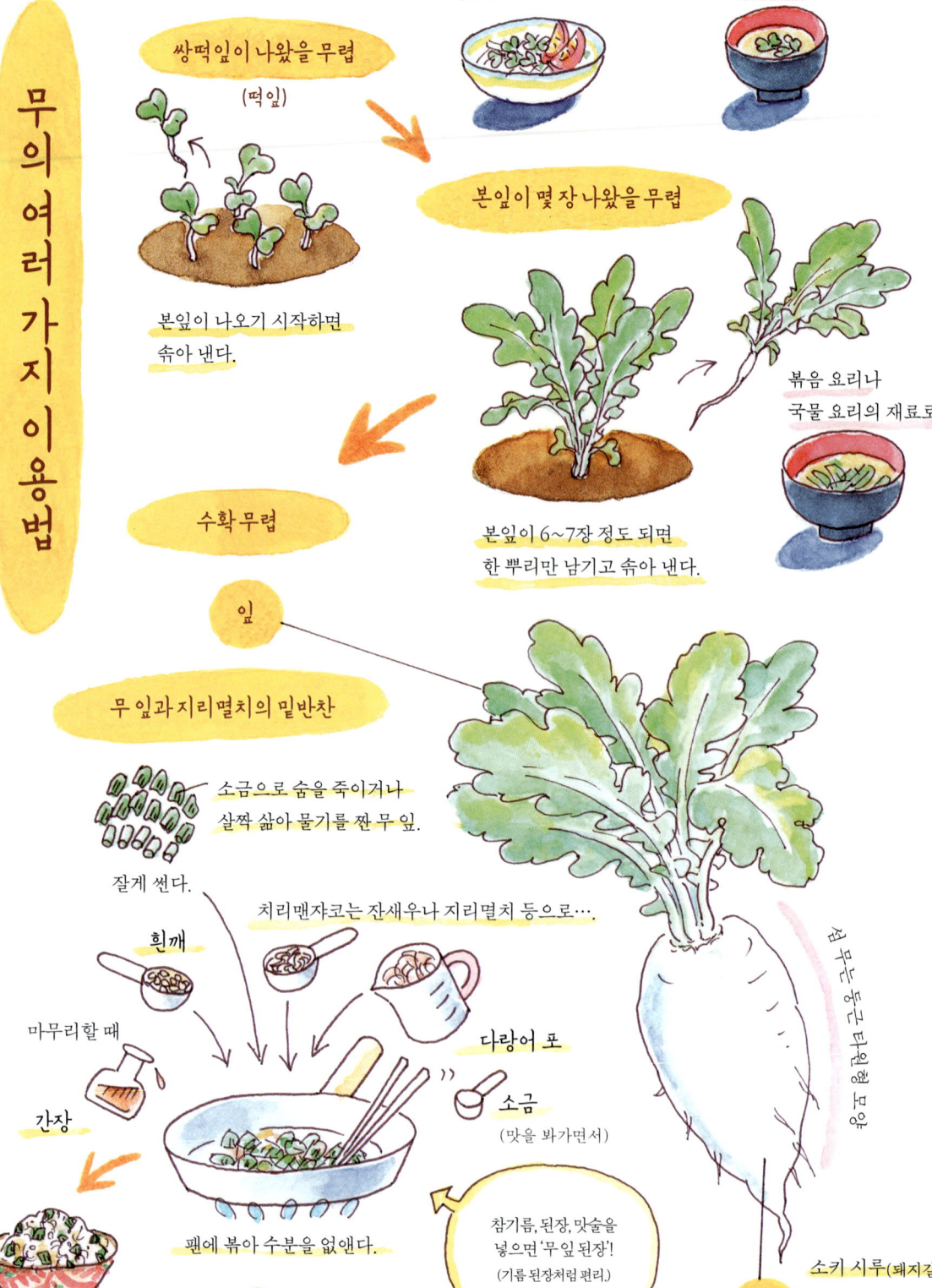

무의 여러 가지 이용법

쌍떡잎이 나왔을 무렵
(떡잎)

샐러드나 찬 두부(히야야코) 등에 뿌린다.

국물 요리의 고명으로.

본잎이 나오기 시작하면 솎아 낸다.

본잎이 몇 장 나왔을 무렵

볶음 요리나 국물 요리의 재료로.

본잎이 6~7장 정도 되면 한 뿌리만 남기고 솎아 낸다.

수확 무렵

잎

무 잎과 지리멸치의 밑반찬

소금으로 숨을 죽이거나 살짝 삶아 물기를 짠 무 잎.

잘게 썬다.

치리맨쟈코는 잔새우나 지리멸치 등으로…

- 흰깨
- 다랑어 포
- 소금 (맛을 봐가면서)

마무리할 때
- 간장

팬에 볶아 수분을 없앤다.

참기름, 된장, 맛술을 넣으면 '무잎 된장'! (기름 된장처럼 편리.)

비빔밥이나 볶음밥에도.

주먹밥을 해 먹어도 맛있다!!

섬무는 둥근 타원형 모양

뿌리

소키 시루(돼지갈비탕-옮긴이), 아시티비치(족발탕-옮긴이), 조림 요리 디쿠니 이리치 등에.

디쿠니(무)
디쿠니바(무잎)
유채과

- ▶ 오키나와에는 "무가 출하되면 의사 처방 약도 안 팔린다."라는 말이 있을 정도로, 예부터 무는 몸에 좋은 식재료로 즐겨 먹는 채소입니다. 오키나와의 섬 무는 부드럽고 맛도 잘 배기 때문에 조림 요리의 재료 등으로 탄탄한 인기를 누리고 있습니다. 최근에는 섬 무와 일반 무를 교배해 새 품종이 나왔다고 합니다.

- ♠ 국물 요리(소키 시루, 아시티비치 등)나 조림, 이리치, 나마스(무나 당근 생채를 초간장에 무친 것-옮긴이)나 무즙, 채소절임 등 조리법도 가지가지입니다. 잎도 떡잎부터 수확할 때까지 솎아 내기를 하면 계속 먹을 수 있습니다.

- ♥ 뿌리인 무에는 디아스타아제를 비롯한 소화효소나 식이 섬유, 비타민 C가 함유되어 있습니다. 소화효소는 소화를 돕고 위장의 활동을 잘 다스려줍니다. 잎에는 카로틴, 비타민 C, 칼슘, 칼륨, 식이 섬유가 들어 있습니다.

- ♣ 잎이 싱싱하고, 무 표면이 하얗게 광택이 나면서 묵직한 것을 고릅니다. 잘라서 파는 것을 살 경우, 자른 면이 싱싱한 것으로 고릅니다. 보관할 때는 잎을 떼어 낸 후, 랩으로 싸서 냉장고에.

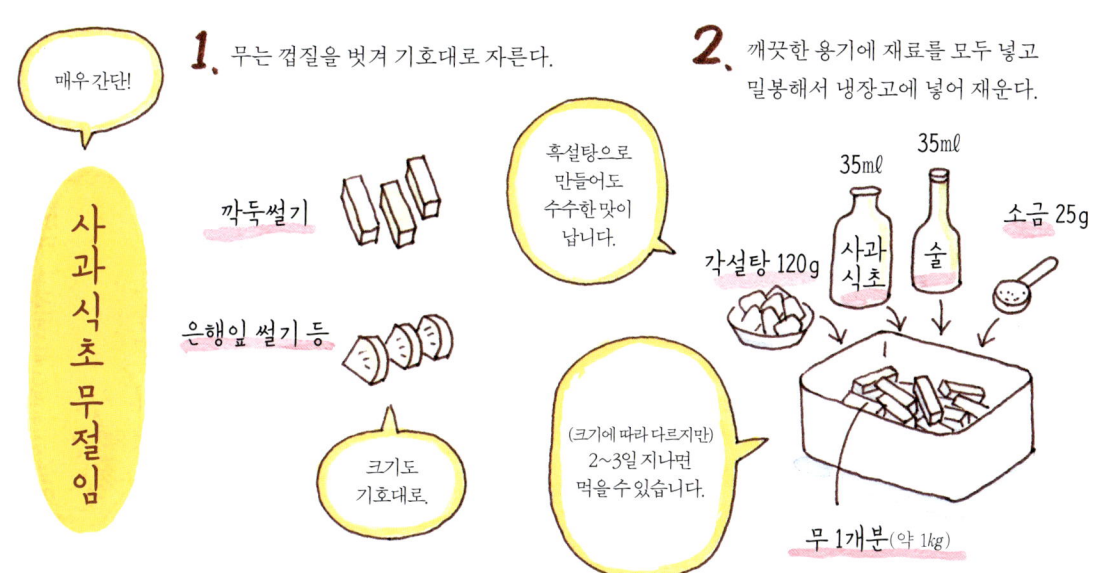

사과식초 무절임

매우 간단!

1. 무는 껍질을 벗겨 기호대로 자른다.
   - 깍둑썰기
   - 은행잎 썰기 등
   - 크기도 기호대로.

2. 깨끗한 용기에 재료를 모두 넣고 밀봉해서 냉장고에 넣어 재운다.
   - 흑설탕으로 만들어도 수수한 맛이 납니다.
   - 각설탕 120g
   - 사과식초 35ml
   - 술 35ml
   - 소금 25g
   - 무 1개분(약 1kg)
   - (크기에 따라 다르지만) 2~3일 지나면 먹을 수 있습니다.

맛이 잘 우러난 부드러운 맛
눈과과

재료(5인분)

삶은 돼지 삼겹살	150g
아와모리	1큰술
설탕	2작은술
간장	2작은술
말린 표고버섯	3송이
치키나	200g
식용유	적당량
튀긴 두부	1모
무	600g
당근	60g
어묵	100g
생완두콩	½컵

소스

돼지 육수, 다랑어 포 육수	1½컵
설탕	1작은술
소금	1~1½작은술
간장	1작은술
맛술	1작은술

1. 삶은 돼지 삼겹살은 네모 썰기를 하고, 분량의 양념으로 미리 맛을 낸다.

2. 표고버섯은 물에 불려 밑동을 도려내고 얇게 썬다.

3. 치키나는 물에 담가 소금기를 뺀 후 물기를 없애고 2~3cm 길이로 잘라 식용유로 가볍게 볶는다.

섬유질이 강하니까 잘게 자른다.

4. 튀긴 두부는 기름기를 빼고 삼겹살 고기 크기로 네모 썰기를 한다.

크기를 맞춰서.

돼지 삼겹살

튀긴 두부

5. 무와 당근도 사각으로 썬다.

→ 소금을 뿌려둔 후 수분이 나오면 가볍게 짠다.

6. 어묵도 네모 썰기.

7. 완두콩은 색깔 좋게 삶아둔다.

8. 냄비에 분량의 육수와 양념을 넣고 익힌다.

9. ①~⑤의 재료를 넣고,

순서
① 표고버섯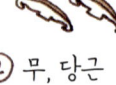
② 무, 당근

①과 ②가 익으면,

③ 돼지 삼겹살
④ 치키나
⑤ 튀긴 두부

섞어가면서 익힌다.

10. 9가 익기 시작하면 6의 어묵과 7의 완두콩을 넣어 마무리한다.

채소가 듬뿍 들어간 건강식!

 뼈에서 나온 깊은 맛이 듬뿍!
돼지갈비탕

재료(5인분)

돼지갈비	800g
물	8컵
다시마	1장
다랑어 육수	2컵
무	600g
소금	1½작은술
간장	조금
생강 간 것	조금

(또는 휘화치: 섭 후추)

1. 돼지갈비는 끓는 물로 씻어 낸다.

냄비에 물을 충분히 붓고 돼지갈비를 넣어 열을 가한다.

끓어오르면 그 물을 따라 버린 후 바로 냉수로 잘 헹군다.

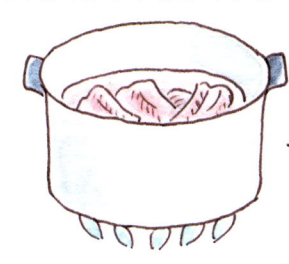

2. 무는 5cm 길이로 길쭉하게 잘라 4~6등분한 후 모서리 부분을 둥글게 도려내 쌀뜨물에서 삶는다.

모서리를 도려낸다.

쌀을 한줌 넣은 물도 OK!

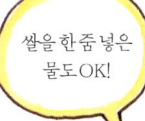
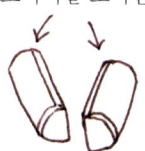

부드러워지면 뜨거운 물을 버리고 찬물로 헹군다.

3. 다시마는 씻어서 물에 불린 후 반으로 접어 그림과 같이 매듭 모양으로 묶는다.

예쁘게 각이 나오도록.

세로 방향으로 접는다.

길게 묶은 채로 삶는다.
삶은 후 자른다.

4. 분량의 물과 1의 돼지갈비를 냄비에 넣고 강불로 한 후, 끓어오르면 거품을 걷어 내고, 넘치지 않게 약불로 1시간 반가량 익힌다.

다랑어 육수

거품은 잘 걷어 낸다.

다시마는 돼지갈비 밑에 넣는다.

끓어오르면 약불로.

5. 도중에 다시마와 다랑어 육수를 넣고 30~40분 익힌 후 무, 소금, 간장을 넣고 맛이 잘 배게 해서 마무리한다
(다시마는 자른다).

6. 그릇에 잘 담고, 생강 간 것을 올려서 먹는다.

돼지갈비탕

물렁물렁해질 때까지 삶는 게 포인트!

돼지갈비 대신 족발로 요리하면 '아시티비치(족발탕)'가 됩니다.

아시티비치

응스나바
(근대)
명아주과

- 원산지는 남유럽으로, 기원전부터 먹었다고 하는 역사적으로 아주 오래된 채소입니다. 일본에는 17세기경 중국으로부터 전해졌다고 합니다. 일본명 '후단소(不斷草)'는 잎이 계속 나와 끝없이 수확할 수 있어서 붙여진 이름입니다. 더위에도 추위에도 강해서 연중 재배할 수 있습니다만, 오키나와에서는 추운 계절에 더 잘 출하되는 것 같아요. 오키나와의 품종은 잎이 40~60cm나 되는 대형 근대입니다.

- 시금치와 같이 명아주과로 떫은맛이 강해 삶아서 물에 담가두었다가 사용합니다. 맛도 시금치와 비슷합니다. 두부와 잘 맞아 시로아에나 응부시에 어울립니다. 국물의 건더기나 볶음 요리로도 좋습니다.

- 카로틴, 철분, 칼륨, 칼슘이 들어 있습니다. 또한 식이 섬유가 풍부해 장의 상태를 잘 다스려줍니다.

- 너무 크지 않고 잎이 두툼하고 녹색이 진한, 싱싱한 것으로 고릅니다. 잎채소이기 때문에 빨리 사용하는 것이 기본입니다만, 보관하려면 비닐봉지에 담아 냉장고에.

응스나바의 밑준비

1. 잘 씻어, 잎과 줄기를 분리한다.

2. 끓는 물에 ① 줄기, ② 잎 순서로 넣고 삶는다.

쓴맛을 없애는 것이 목적이므로 소금은 넣지 않는다.

소금을 넣으면 색깔은 좋지만 쓴맛이 우러나지 않는다.

유럽에서는 줄기는 버터볶음이나 크림찜을 해서 먹는 경우가 많습니다. 잎은 시금치처럼 조리합니다.

굵으면 반으로 자릅니다.

3. 물에 넣어 차게 한다.

4. 물기를 짜 요리에 어울리게 자른다.

식이섬유가듬뿍! 웅스나바웅부시

밑준비

섬 두부는 손으로 떼어 물기를 뺀다.

돼지삼겹살은 네모 썰기.

잎
줄기
3~4cm
웅스나바는 밑준비해서 먹기 좋은 크기로 자르고 물기를 짜둔다.

된장은 육수로 개어놓는다.

재료(4인분)

웅스나바	약 800g
삶은 돼지 삼겹살	80g
섬 두부	½모(약 300g)
식용유	적당량
돼지 육수	1컵
된장	4큰술

밑준비가 다 되면 23쪽의 '웅부시의 기본'의 순서로 만든다.

섬 두부를 넣지 않아도 진하고 맛있는 웅부시가 됩니다.

시금치 느낌으로! 웅스나바스네

재료

웅스나바	약 300g

무침 옷

섬 두부	200~300g
땅콩버터	1큰술
흰 된장	1큰술
설탕	½작은술
소금	조금
흰깨	2작은술(반만 찧은 것)

1. 웅스나바는 미리 삶아서 2~3cm 길이로 잘라 물기를 잘 짠다.

2. 섬 두부도 행주로 싸서 꼭 짠다.

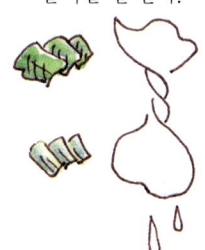

흰 된장   땅콩버터
소금   설탕

3. 무침 옷의 재료를 절구에 넣고 잘 섞어가면서 간다.

4. 1의 웅스나바를 3의 재료로 무친다.

5. 반만 간 흰깨를 뿌린다.

건강해져라

▶ 12월 중순을 넘기면 남국인 오키나와에도 톤지비사(동지 무렵의 추위)라고 하는 추위가 몰려옵니다. 오키나와에서는 예부터 쿠스이문(약이 되는 음식＝보양식)이라는 여러 가지 메뉴가 전해져 오고 있습니다. 이 계절, 감기 예방이나 감기 초기에 큰 효과가 있는 쿠스이문으로는 뭐니 뭐니 해도 '치무신지'가 아닐까요.

▶ 치무는 '간', 신지는 '뜨거운 국물'을 뜻하는 말인데, 돼지 간과 돼지 살코기를 섬 당근 등의 뿌리채소와 함께 잘 삶아서 요리합니다. 재료의 영양분이 녹아 나온 수프를 마시면 정말로 '누치구스이(생명의 약)네~.'라는 생각이 절로 듭니다. 신지문 중에는 시대의 흐름과 더불어 없어져가는 음식도 있습니다만, 치무신지는 돼지 간과 살코기를 함께 넣은 신지용 팩이 슈퍼마켓에서도 팔리고 있을 정도로, 지금도 가정의 식탁을 굳건히 지키고 있습니다.

▶ 감기 걸렸을 때의 쿠스이문이라고 하면 '카츄유'도 있습니다. 마카이(도자기 그릇)에 대량의 다랑어 포와 적당량의 된장을 넣은 후, 기호에 따라 파, 마늘, 달걀 등을 넣고 끓인 물을 부으면 끝. 카츄(카츠오: 다랑어)의 깊은 맛과 영양이 몸에 스며들어 원기가 솟는 듯합니다. 간단하면서도 맛이 좋아 감기 걸렸을 때뿐만 아니라 아침 식사나 간식, 혹은 야식으로도 좋습니다.

카츄유

간장이나 소금으로 맛을 내는 집도 있다고 하네요.

된장
다랑어 포
쪽파
막 끓인 물

1~2분간 뚜껑을 덮고 깊은 맛을 우려내면 Good!

▶ 어렸을 적에는 관동(간토) 지방에서 살았는데, 감기에 걸리면 '파 된장국'이라는 카츄유와 상당히 비슷한 음식을 엄마가 만들어주었습니다. 파가 주재료이고 다랑어 포는 부재료입니다만, 만드는 방법은 같습니다. 그래서 이제 우리 집 카츄유는 파도 다랑어 포도 듬뿍 넣은 '파 된장 카츄유'가 되었습니다. 엄마들이 그랬듯이, '어서 건강해져라.'라는 마음을 담아 만들어봅시다.

여러 가지 신지문

※ '치무신지' 레시피는 83쪽에.

훈제 이라부
(에라부 바다뱀)

콴소우국
콴소우(가을의 망년초: 원추리)와 소고기, 당근 등. 잠이 안 올 때.

이라부 신지
이라부를 찐 것. 자양 강장, 피로 회복에.

이라부국
조린 후 이라부와 다시마, 족발 등을 넣고 푹 삶는다.

타이유(붕어) **신지**
타이유와 쏨바귀 조림 요리. 감기나 열이 날 때.

✱ 쿠이유(잉어) 신지도 있다.

치디쿠니
(섬 당근)
미나리과

킨토끼 당근(교토 당근)

당근(서양종)

치디쿠니(섬 당근)

♦ 당근의 원산지는 아프가니스탄으로, 그곳에서 유럽에 전해진 서양 당근과 실크로드를 거쳐서 중국으로 들어간 동양 당근으로 나눌 수 있습니다. 서양 당근은 뿌리가 짧고 동양 당근은 가늘고 긴 경향이 있습니다. 전국적으로 서양종이 주류를 이루고 있는 가운데, 동양종으로 힘을 쓰고 있는 것이 관서 지방의 킨토끼 당근(교토 당근)과 오키나와의 섬 당근입니다. 방언명 '치디쿠니'는 '노란 무'라는 뜻으로 섬 무처럼 12월부터 2월경의 추운 시기에 출하됩니다.
　✻ 방언으로 '황색'을 '치루', '무'를 '디쿠니'라고 합니다.

♣ 치디쿠니와 돼지 간을 푹 삶은 '치무신지'는 오키나와에 오래전부터 전해진 자양식입니다. 그 외 이리치, 볶음 요리, 튀김 등으로 해서 먹습니다.

♥ 당근은 비타민, 미네랄, 식이 섬유를 듬뿍 함유한 영양 만점 채소입니다. 특히 서양종은 카로틴이 풍부합니다. 치디쿠니는 서양종에 비해 카로틴은 적지만 칼슘이 많습니다.
잎에는 비타민류나 칼슘, 철분 등이 들어 있으니 잘 활용합시다.

♣ 목 부분이 거무스레하거나 녹색을 띤 것은 피하고, 표면이 매끈하고 모양이 좋은 것을 고릅니다. 잎이 달린 것은 잎을 잘라 보관합니다.

고르는 법
목 부분의 색깔이 변해 있는 것은 딱딱하다.
잎이 나 있는 부분이 부드러운 것(이곳이 딱딱하면 뿌리도 질기다)!
심이 가는 것!

밑준비
우엉과 같은 요령으로
칼등으로 껍질을 긁어 벗긴다.
몸 쪽으로 긁어 낸다.

전통의 쿠스이문!
치무신지

재료(4인분)

- 돼지 간 ················· 200g
- 소금, 우유, 술 ······· 각 적당량
- 돼지 살코기 ·············· 200g
- 섬 당근 ·········· 중간 크기 2개
- 당근 ··········· 작은 크기 1개
- 생강 ······················· 1쪽
- 마늘 ······················· 2쪽
- 감자 ······················· 1개
- 다랑어 육수 ················ 8컵
- 소금, 간장 ··········· 각 적당량
- 쪽파 ···················· 적당량

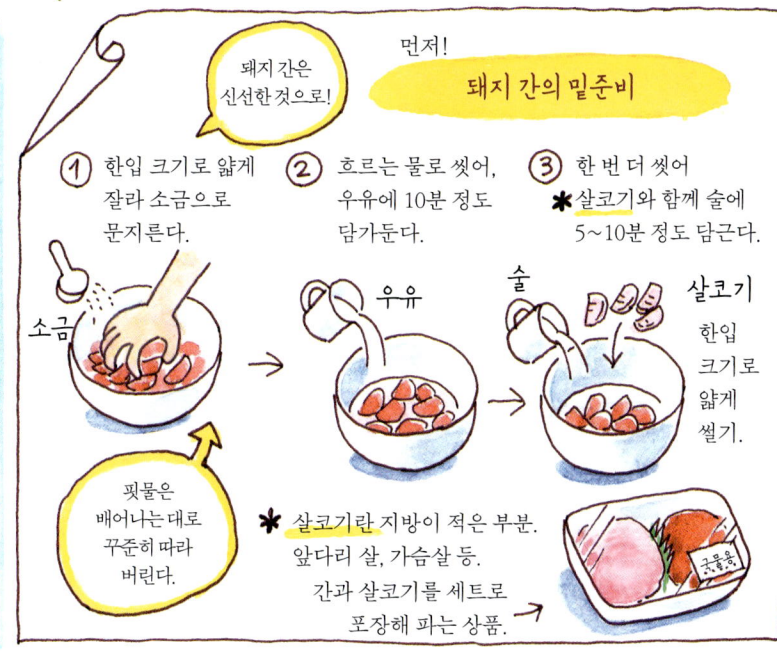

먼저!
돼지 간의 밑준비

돼지 간은 신선한 것으로!

① 한입 크기로 얇게 잘라 소금으로 문지른다.

② 흐르는 물로 씻어, 우유에 10분 정도 담가둔다.

③ 한 번 더 씻어
* 살코기와 함께 술에 5~10분 정도 담근다.

핏물은 배어나는 대로 꾸준히 따라 버린다.

* 살코기란 지방이 적은 부분. 앞다리 살, 가슴살 등. 간과 살코기를 세트로 포장해 파는 상품.

1. 냄비에 감자 이외의 재료를 넣고 잠길 정도로 물을 붓고 열을 가한다.

2. 끓어오르면 거품을 걷어 내고 감자와 다랑어 육수를 넣어 푹 삶는다.

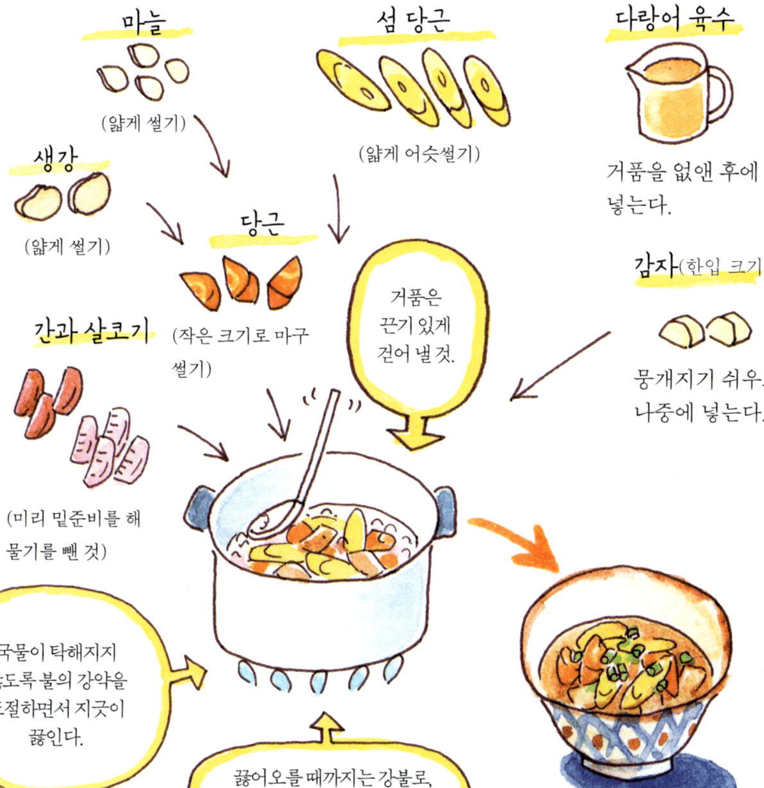

마늘 (얇게 썰기)

생강 (얇게 썰기)

섬 당근 (얇게 어슷썰기)

당근 (작은 크기로 마구 썰기)

다랑어 육수 — 거품을 없앤 후에 넣는다.

감자 (한입 크기) — 뭉개지기 쉬우므로 나중에 넣는다.

거품은 끈기 있게 걷어 낼 것.

간과 살코기 (미리 밑준비를 해 물기를 뺀 것)

국물이 탁해지지 않도록 불의 강약을 조절하면서 지긋이 끓인다.

끓어오를 때까지는 강불로, 그 후에는 중불이나 약불로.

3. 감자가 익으면 맛을 보고 필요하면 소금, 간장으로 간을 조절한다. 마지막에 쪽파를 뿌린다.

식욕이 없을 때는 국물만 마셔도 OK!

섬 당근과 당근을 둘 다 넣으면 색이 예쁘다!

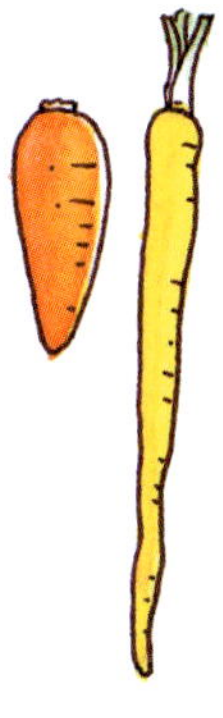

줄무늬의 컵

잇친의 타라후 (뚜껑 있는 그릇)
흑설탕 등을 담기에 딱 좋다.

붉은 그림의 이쑤시개 병

붉은 그림의 작은 접시

초록 유약을 바른 젓가락 받침대

완부
(잡기 쉽게 그릇 윗부분을
평평하게 만든 녹색 주발)

시미츠케의
마카이(밥그릇)와 접시

야치문(도자기)

오키나와 집밥에는 역시 오키나와의 도자기가 잘 어울립니다. 시미츠케(남빛 무늬-옮긴이), 잇친(유약을 짜서 모양을 낸 것-옮긴이), 삼채(노랑, 하양, 초록, 이 세 가지 색깔을 올려서 구운 도자기-옮긴이), 붉은 그림에 초록 유약을 바른 것 등… 각기 매력적이고 따스함이 묻어나는 그릇들입니다.

삼채의 작은 접시

물고기 문양의 술잔
물속에서 물고기가 유유히 헤엄치고 있는 듯하다.

아침에는 쥬시로!

▶ 건강한 하루를 시작하는 데 중요한 역할을 하는 아침밥. 중국에서는 아침밥으로 죽을 먹는 습관이 있다고 하는데, 나는 쥬시를 자주 만들어 먹습니다. 한마디로 쥬시라고는 해도 흔히 말하는 타키코미(고기, 생선, 채소 등을 넣어 지은 밥-옮긴이) 밥인 쿠화(딱딱한) 쥬시와 수분이 많은 야화라(부드러운) 쥬시가 있습니다만, 내가 아침밥으로 만드는 것은 야화라 쥬시입니다. '아침 죽'이 아니라 '아침 쥬시'입니다.

▶ 야화라 쥬시에는 '후치바 쥬시'나 '칸다바 쥬시'가 유명합니다만, 무, 당근, 마 종류, 푸른 잎채소 등 손쉽게 구할 수 있는 채소로 여러 가지 쥬시를 만들 수 있습니다. 쌀도 흰쌀뿐만 아니라 잡곡을 조금 섞어 넣으면 깊은 맛이 나면서 영양분도 더욱 풍성해지겠지요.

▶ 쌀로 쥬시를 만드는 게 당연히 맛있겠지만, 급할 때나 밥이 남았을 때는 밥으로 해도 좋습니다. 육수를 많이 준비했다가 육수 속에서 밥알이 가볍게 움직일 정도로 불을 조절해 지긋이 끓이면 냉장고 속 남은 밥도 금세 부드러운 쥬시로 거듭납니다. 일어나자마자 불에 올려두면 옷단장을 하거나 도시락을 만드는 동안 완성됩니다. 소화도 잘 되고 채소도 듬뿍 들어간 영양 만점의 쥬시는 마음도 몸도 평온하고 따스하게 해주어, 추운 계절의 아침밥으로 안성맞춤입니다. 요리도 간단해서 그릇 하나만 있으면 되니까 설거지도 간단히 끝낼 수 있어 좋습니다.

막 만든 건 앗, 뜨거워!

▶ 우리 집도 그렇습니다만, 아이들이 늦잠을 잘 때는 쥬시를 그릇에 담은 후에 깨우는 것이 현명할 거 같아요. 옥신각신하다가 아슬아슬한 시간에 일어나 학교 갈 즈음 딱 먹기 좋게 식으니까요. '일찍 자고 일찍 일어나 아침밥을' 여유 있게 먹는 게 제일 좋긴 하지만 말입니다.

초간단!! 아침 쥬시 만드는 법

음식을 옮길 때는 '산'과 함께

'산'은 참억새 등의 잎을 묶어 만들 수 있다. 먹거리나 아이들을 마지문(악귀)으로부터 지킨다고 믿으며, 공양 음식이나 도시락을 쌀 때, 이웃에 음식을 보낼 때도 넣는다. 집밥의 치무구쿠루(오키나와 사람들이 가지고 있는 배려심이나 친절-옮긴이)를 듬뿍 담아 손으로 직접 만든 부적.

봄

봄의 바다는 은총이 가득. 아사(파래)의 녹색이 계절을 알려주고 있다.

섬 락교
(락교)
백합과

- ◆ 오키나와의 섬 락교는 매운맛이나 향이 강해 방언으로 '랏쵸우' 또는 '닷쵸우' 등으로 불립니다. 여름이 오기 바로 직전, 말하자면 우리즌* 무렵에 나옵니다. 제철이 되면, 큰 항아리에 흑설탕과 함께 절여 보존식으로 만든다고 합니다. "임신부가 섬 락교를 먹으면 피부가 고운 아이가 태어난다."라는 말도 있습니다.
  * 우리즌: 대지가 젖어 자연계가 활기차게 빛나기 시작하는 계절을 말합니다. 초여름과는 미묘하게 다른 오키나와만의 계절감입니다.
- ♠ 전통적인 흑설탕절임(지지키)이나 소금절임 이외에 통째로 튀김으로 만들어 먹기도 하고, 참푸르 재료로도 사용합니다.
- ♥ 같은 백합과의 파나 마늘과 마찬가지로, 독특한 향을 내는 성분이 살균 작용이나 혈액 순환을 좋게 하는 역할을 합니다.
- ♣ 흑설탕절임이나 단 식초절임에는 통통하고 둥실하게 큰 것을, 절임이나 참푸르에는 금방 캐낸 가늘고 긴 것을 골라 사용합니다. 금세 싹이 나기 때문에 빨리 사용합니다.

섬 락교의 벌꿀절임

1. 섬 락교는 씻어서 줄기, 수염뿌리, 껍질을 벗겨 없앤 후 물기를 뺀다.

   섬 락교 600g
   소금 50g

2. 소금을 뿌려 밑절임을 한다(1~2일).

3. 섬 락교의 물기를 닦아 낸 후, 깨끗한 용기에 섬 락교와 벌꿀을 넣는다. 위에서부터 식초를 두른 후 밀봉해서 절인다.

① 벌꿀 3/4컵
② 식초 1/2컵
③ 밀봉한다.

물기를 닦은 섬 락교

흑설탕절임보다 손쉽게 만들 수 있다.

2주 정도 지나면 먹을 수 있다.

봄색깔의 참푸르! 락교 참푸르

밑준비

짙은 녹색 부분은 잘라 낸다.

4~5cm

채썰기.

섬 두부는 손으로 떼어 내 수분을 없앤다.

섬 락교는 얇은 껍질을 벗겨 내고 씻어, 4~5cm 길이로 채 썰어 가볍게 소금을 뿌린다. 수분이 나오기 시작하면 물기를 짜둔다.

달걀은 잘 풀어둔다.

소금

식용유 소금

다랑어 포

재료	
섬 락교	300g
소금	적당량
섬 두부	½모(약 300g)
식용유	적당량
소금	1작은술
다랑어 포	½컵
달걀	2개

밑준비가 다 되면 21쪽의 '참푸르의 기본'을 참고해서 만든다(3의 과정은 생략한다).

신맛을 산뜻하게! 섬락교절임

1. 섬 락교는 잘 씻어 물기를 뺀다.
2. 소금을 뿌려 가볍게 버무린 후 하룻밤 재워둔다.
3. 접시에 담고 다랑어 포를 뿌린다.

기호대로 간장이나 폰즈를 뿌려 먹는다.

바삭바삭 맛있게! 섬락교튀김

밀가루 1컵   달걀+냉수 1컵

섬 소금
말차 소금 등을 기호대로.

씻은 후 물기를 잘 닦아 낸 섬 락교에 튀김옷을 입혀 중간 온도(170~180도)의 식용유에서 바삭하게 튀긴다.

가볍게 살살 섞는다.

튀김옷

한다마
(스이젠지나)
국화과

- ♦ 선명한 보랏빛이 인상적인 한다마는 열대 아시아가 원산지로, 오키나와부터 규슈 남부의 따뜻한 지방에 걸쳐 자랍니다. 일본명인 '스이젠지나(水前寺菜)'는 구마모토현의 수전사(水前寺) 주변에서 재배된 것에서 유래했다고도 합니다. 일본 본토에서는 이시카와현에서 전통적인 카가 채소(加賀, 즉 이시카와현 가나자와金澤에서 오래전부터 재배되어온 채소-옮긴이)의 하나로 '금시초(金時草)'라는 이름으로 재배되고 있습니다. 오키나와에서는 일 년 내내 수확할 수 있습니다만, 많이 출하되는 철은 봄부터 여름에 걸친 시기입니다. 잎의 보랏빛이 예쁠 때는 겨울이라고 합니다. 예부터 피를 맑게 해주어 빈혈에 좋은 채소로 귀히 여겨져, 산후의 여성에게 먹였다고 합니다.

- ♣ 살짝 데쳐 나물무침이나 초된장무침으로 해서 먹기도 하고, 된장국이나 쥬시 재료로 사용하기도 합니다. 캔 참치와 함께 볶아도 맛있습니다. 열을 가하면 점성이 생기기 때문에 빨리 조리해야 합니다. 생어린잎을 샐러드로 만들어 먹으면 색깔이 예쁩니다.

- ♥ 카로틴과 비타민 B_2, 철분 등이 함유되어 있습니다. 잎의 보라색은 항산화 작용을 하는 안토시아닌 성분입니다.

- ♣ 녹색과 보라색이 진하고 선명한 것으로 고릅니다. 요리하고 남은 줄기는 땅에 꽂아두면 뿌리를 내려 어린잎을 따 먹을 수 있습니다.

한다마와 캔 참치볶음

1. 한다마는 잎을 뜯어 씻는다.

2. 팬에 캔 참치 기름을 넣고 열을 가한 후

3. 한다마와 참치를 넣고 살짝 볶는다.

4. 마지막으로 간장을 둘러 향을 낸다.

잎이 크면 자른다.

치-익

열을 너무 가하면 보라색이 까맣게 변해버리니까 빨리 마무리합시다!

후치바
(쑥)
국화과

- ♦ '쑥'은 국화과 쑥속 식물의 총칭으로 세계에 약 250종이 분포되어 있다고 합니다. 동서양을 막론하고 그 특유의 향에 악귀를 쫓는 힘이 있다고 믿었으며, 약으로 이용했던 역사도 오래된 식물입니다. 오키나와에서는 '후치바'라고 부르는데, 식용보다는 병을 예방하기 위해 짠 즙을 마시거나 잎을 비벼 벤 상처에 붙이기도 하고, 땀띠를 예방하기 위해 욕탕에 넣는 등 일상생활에서 자주 이용해왔습니다.

- ♠ 가장 친숙한 것은 바로 '후치바 쥬시'입니다. 향이 강해 '히쟈 시루(산양탕)'*나 '아바사 시루(가시복탕)'*를 요리할 때, 냄새 제거용으로도 사용합니다. 음력 3월 3일의 '하마우이'라는 행사에서는 '후치 전병'을 만드는 풍습이 있습니다.

   * 히쟈 … 산양   * 아바사 … 가시복

- ♥ 카로틴, 비타민 B_1, B_2, C, 칼륨, 칼슘, 철분, 식이 섬유 등이 함유되어 있습니다. 독특한 냄새를 내는 성분인 시오넬 등은 살균 작용이나 혈액 순환을 좋게 하는 작용을 합니다.

- ♣ 초봄의 어린잎이 부드러워 맛있습니다만, 거의 일 년 내내 먹을 수 있습니다. 오래 보관할 수 없어서 그때그때 따 먹는 게 제일 좋지만, 살짝 삶아 물기를 짠 후 냉동해두면 편리합니다.

후치바쥬시

1. 냄비에 재료를 모두 넣고 섞은 후 열을 가한다.
2. 끓어오르면 거품을 걷어 내고 약불에서 천천히 익힌다.
3. 걸쭉하게 되면 마무리한다.

- 도중에 휘젓지 말 것!
- 달걀을 풀어 넣으면 부드러워져!
- 밥알이 통통하게 부풀어 올라 부드러워질 때까지 천천히 끓인다.

재료(4~5인분)

- 식용유 1큰술
- 다랑어 육수 + 돼지 육수 합해서 8~10컵
- 간장 1큰술
- 쌀(1홉) 씻어서 물기를 빼둔다.
- 소금 2작은술
- 후치바(쑥) 물속에서 비벼가면서 씻어 쓴맛을 없앤다.
- 돼지 삼겹살 (삶아놓은 것) 50~100g, 네모 썰기.

군보
(우엉)
국화과

군보의 잎은 꽤 크다!

- ♦ 신정이나 청명, 백중맞이 등 오키나와의 명절 요리(찬합 요리)에 빠져서는 안 되는 재료입니다. 이 토만 지방에서는 하레 축제(음력 5월 4일) 때 군보조림을 수북이 만들어 조상에게 봉양하고, 손님들에게도 대접합니다. 군보를 몇 다발이나 사용했는가로 손님의 많고 적음을 뽐냈다고 합니다. 하레 축제 무렵의 군보를 특히 '군과치 군보(5월 우엉)' 혹은 '하레 군보'라고 부른다고 합니다.

- ♠ 달콤 짭짤하게 뭉근히 조린 군보조림, 돼지고기로 감싼 군보말이, 된장 맛 군보 이리치 등이 자주 해 먹는 요리입니다.

- ♥ 셀룰로오스 등 식이 섬유를 듬뿍 함유하고 있습니다. 식이 섬유는 장의 움직임을 다스려, 속을 깨끗하게 해줍니다.

- ♣ 쭉 뻗어 있고 너무 굵지 않으면서 상처가 없는 것으로 고릅니다. 흙이 묻은 부분은 흙을 덮든지 신문지로 감싸는 등 공기와 접촉하지 않도록 해서 그늘지고 서늘한 곳에서 보관합니다. 씻은 것은 비닐봉지나 랩으로 싸서 냉장고에 보관합니다만, 빨리 사용하는 것이 기본입니다.

군보의 밑준비

1. 흙을 씻어 낸 후, 칼등으로 껍질을 긁어 낸다.

향이 좋아~.

껍질 가까이에서 맛난 맛이 나므로, 너무 벗기지 말도록. 가볍게 힘을 줄 것!

2. 자른 후 물에 담가 쓴맛을 없앤다.

너무 오래 담그면 독특한 맛까지 빠져나가니까 5분 이내로!

어슷썰기   봉 썰기

마구 썰기   돌려 썰기

요리에 따라 자르는 모양은 여러 가지!

식어도 맛있는 든든한 반찬! 군보고기말이

1. 돼지 로스는 칼집을 내둔다.
2. 씻어서 껍질을 긁어 낸 군보는 돼지 로스와 같은 너비로 잘라, 물에 담가 떫은맛을 없앤 후 삶아둔다.
3. 군보를 돼지 로스로 만다.
4. 팬에 분량의 양념을 넣고 끓이다가, 고기 만 부분을 밑으로 해서 가지런히 놓고 약불로 익힌다.

구울 때 말리지 않도록.

거품을 걷어 내면서 돼지고기를 굴려가며 천천히 익힌다.

군보가 따뜻할 때 말면 잘 말린다.

굴리면서 둥글둥글 만다.

팬이나 밑이 평평한 냄비로!

재료(군보말이 10개분)

돼지 로스(얇게 자른 것)	10장
군보	2뿌리
다랑어 육수	1컵
설탕	1½큰술
술	2큰술
소금	한 줌
간장	1큰술

✱ 소금, 간장 대신 된장이나 맛술을 넣어도 좋다!

색다른 맛의 이리치 군보 이리치

✱ 군보는 예부터 고에쿠 마을(현 오키나와시)의 명산품이었기 때문에, 군보 이리치를 '구이쿠(고에쿠) 이리치'로 부르기도 한다.

밑준비

5cm — 씻어서 껍질을 긁어 낸 군보는 어슷썰기.

닭고기는 한입 크기로 잘라 삶아둔다. (혹은 삶은 돼지 삼겹살)

네모 썰기.

흰 된장은 육수로 풀어둔다.

설탕 (기호대로)　식용유　생강 (잘게 다진다.)

재료(4인분)

군보	400g
닭고기(혹은 돼지 삼겹살)	100g
식용유	적당량
흰 된장	80g
육수	1컵
생강	조금
설탕(기호대로)	적당량

밑준비가 다 되면 25쪽 '이리치의 기본'의 순서로 만든다(군보 이리치에는 육수로 흰 된장 푼 것을 사용한다).

✱ 설탕은 맛을 보고 필요하면 더 넣는다.
✱ 마지막에 생강을 넣어 마무리한다.
✱ 된장을 넣지 않고 간장으로만 해도 좋다!

응쟈나·응쟈나바
(씀바귀)
국화과

- 응쟈나는 해안 근처 바위틈에서 자생하는 국화과 식물입니다. 방언명을 직역하면 '니가나(苦菜: 쓴 풀)'라고 하는데, 일본명은 '씀바귀'입니다. 오키나와에서는 오래전부터 감기나 위장에 좋은 약초로 이용해왔습니다. 가을부터 겨울에 걸쳐 감국과 비슷한 노란 꽃이 핍니다.

- 붕어와 함께 넣는 조림 요리 '타이유신지'는 고열에 효과가 있는 쿠스이문으로 알려진 전통 메뉴입니다. '오징어 먹물국'에도 응쟈나가 빠져서는 안 됩니다. 잘게 채 썰어 시로아에로 하거나 캔 참치와 함께 무쳐도 맛있습니다.

- 카로틴이나 칼슘을 많이 함유하고 있습니다. 또한 항산화 성분인 폴리페놀도 풍부합니다.

- 녹색이 진하고, 잎 가장자리까지 싱싱한 것을 고릅니다. 생으로 먹으려면 너무 자라지 않은 다소 작은 잎을 고릅니다. 빨리 사용하는 것이 기본입니다.

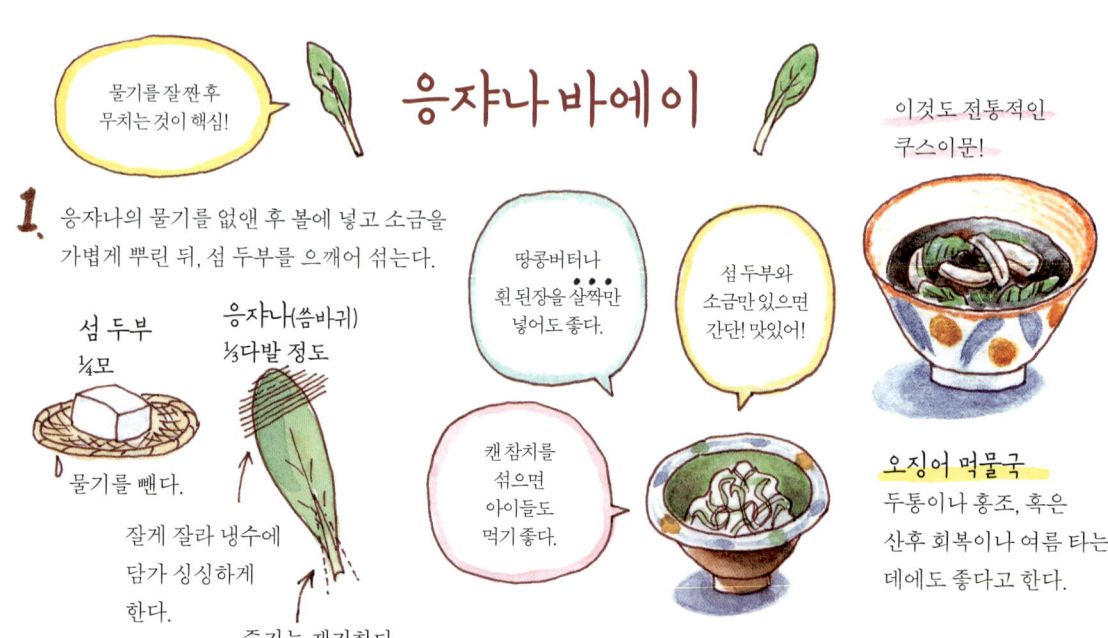

응쟈나 바에이

물기를 잘 짠 후 무치는 것이 핵심!

이것도 전통적인 쿠스이문!

1. 응쟈나의 물기를 없앤 후 볼에 넣고 소금을 가볍게 뿌린 뒤, 섬 두부를 으깨어 섞는다.

섬 두부 ¼모
물기를 뺀다.

응쟈나(씀바귀) ⅓다발 정도
잘게 잘라 냉수에 담가 싱싱하게 한다.
줄기는 제거한다.

땅콩버터나 흰 된장을 살짝만 넣어도 좋다.

캔 참치를 섞으면 아이들도 먹기 좋다.

섬 두부와 소금만 있으면 간단! 맛있어!

오징어 먹물국
두통이나 홍조, 혹은 산후 회복이나 여름 타는 데에도 좋다고 한다.

여름에 핀 흰 꽃.

쵸미구사
(방풍나물)
미나리과

- 해안 근처 볕이 잘 드는 바위틈에서 자생합니다. 장수와 관련된 약초로서 '장명초(長쵸미草구사)'라고 불리며, 오키나와 각지에서 이용해왔습니다. 지역에 따라 '사쿠나', '우뿌바 사후나' 등의 별칭도 있습니다. 야에야마 지방에서는 신에게 바치는 요리에도 사용합니다.

- 기침을 멎게 하고 몸을 따뜻하게 하는 작용이 있는 것으로 전해지며, 감기 초기에 뿌리를 달여 마시거나 잎을 돼지 간이나 뿌리채소와 함께 국물을 내어 먹기도 합니다. 쑥갓과 비슷한 향이 나며 씁싸름한 맛이 납니다. 어린잎은 생선의 독을 없애준다고 해서, 잎을 잘게 잘라 생선회의 장식으로 쓰기도 하고, 무침 요리로 만들어 먹기도 합니다.

- 카로틴, 비타민 C, 칼슘을 함유하고 있습니다. 근래에는 폴리페놀이 많이 들어 있다고 해서 주목을 받고 있습니다.

- 너무 웃자라지 않은 어린잎으로 고릅니다. 줄기는 딱딱하니까 잎만 뜯어 사용합니다.

쵸미구사 소고깃국

기침이나 감기에!

육수에 소고기, 마늘, 당근, 쵸미구사를 넣고 부드러워질 때까지 푹 끓입니다. 된장으로 간을 합니다.

생선회

생선튀김

생선 요리의 밑장식으로.

쵸미구사를 넣은 '오리탕'도 기침에 효과가 있는 '응자문'으로 전해지고 있습니다.

구메섬에서는 '염소탕'의 냄새를 없앨 때 쵸미구사를 사용한다고 합니다.

무늬바리
오키나와 3대 고급 생선 중 하나.
생선국, 소금조림, 생선회, 소테(프랑스어로, 버터를 녹인 팬에
빠르게 살짝 익히는 요리-옮긴이), 튀김 등 어떤 요리도 OK!

이마이유
(선어)

남해의 고기는 색이 선명한 것이 많습니다. 보기에도 화려하고 먹어도 맛있는 생선들이에요.

세줄돔
오키나와현의 현 물고기. 주로 튀김으로.

통돔
버터구이나 소금조림으로.

비늘돔 (종류가 많다.)
껍질째 먹는 회나 초된장무침으로.

흰 살 생선의 소금조림

고기의 선도가 중요합니다!

본래는 막 잡은 고기를 바닷물로 조리는 간단한 요리입니다.

1. 흰 살 생선은 비늘과 아가미, 내장 등을 떼어 낸다.

2. 냄비에 고기를 가지런히 넣고 잠길 만큼의 물과 소금, 아와모리를 조금 넣고 익힌다.

   * 소금의 양은 해수(약 3%)보다 약간 진한 정도로. (물 1컵에 소금 1~2작은술 정도.)

3. 끓어오르면 불을 줄이고 뚜껑을 덮어 생선이 익을 때까지 조린다.

냄새를 없애는데 회향이나 생강을 넣어도 좋다.

마지막에 파를 뿌린다.

생선은 미바이(하타), 마치(도미), 가라(전갱이) 등으로.

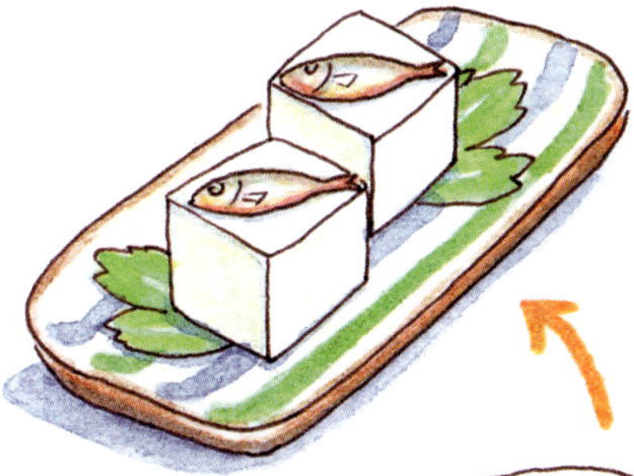

비늘 가시에 주의!

스쿠가라스 두부
(소금절임한 스쿠를 올려 먹는 두부 요리 - 옮긴이)

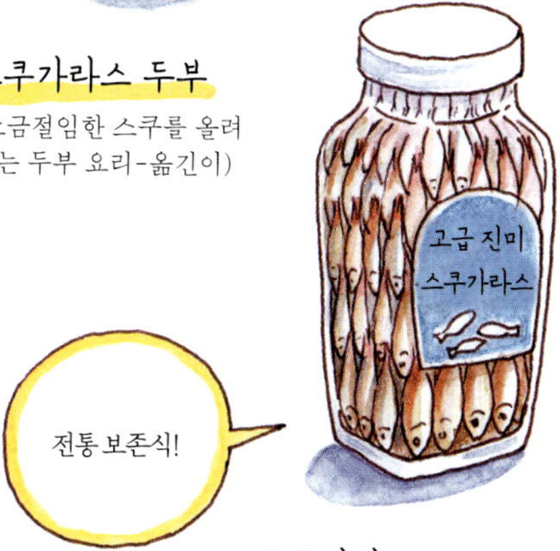

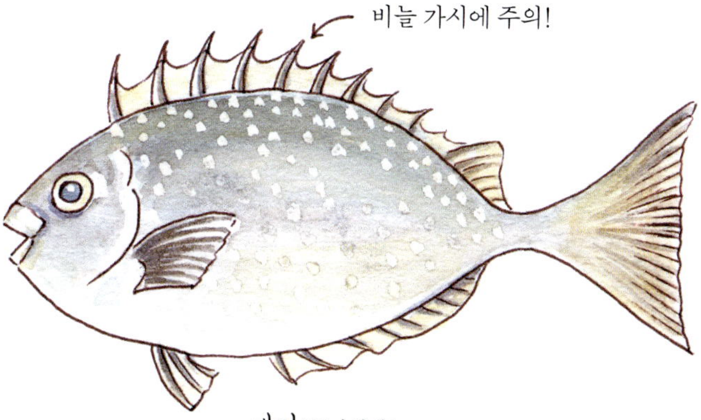

에과(독가시치)
소금조림이나 생선국으로.

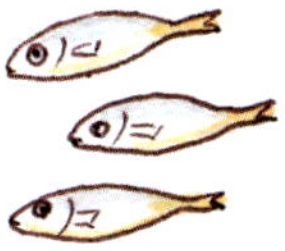

전통보존식!

스쿠가라스(스쿠의 소금절임)
소금으로 절여서 발효시킨 것.

독가시치 치어 **'스쿠'**

매년 일정한 시기의 대조일에 막 태어난 스쿠 무리가 만조에 실려 얕은 곳으로 떠내려온다. 스쿠를 그물로 떠 올리는 게 여름의 한 풍경입니다.

이쵸바
(회향)
미나리과

♦ '펜넬'이라는 영어명으로도 알려져 있는 회향은 고대 이집트에서도 재배했다는, 역사가 오래된 허브입니다. 일본에는 헤이안 시대에 중국을 거쳐 전해졌을 거라고 합니다. 오키나와에서는 이쵸바라고 하는데, 감기나 기침, 위장에 좋은 약초로 잎이나 씨앗을 이용했습니다.

♠ 유럽에서는 '생선의 허브'라고 하는데, 오키나와에서도 마찬가지로 생선국이나 소금조림 등 생선 요리에 자주 사용합니다. 회향을 넣은 소고깃국은 예부터 감기의 초기 증세나 기침이 날 때 먹었던 메뉴입니다. 잎을 잘게 잘라 튀김이나 부침개를 만들어 먹기도 합니다.

♥ 칼슘이나 카로틴, 비타민 C가 들어 있습니다. 폴리페놀도 많이 함유하고 있습니다. 향의 성분인 아네톨은 소화를 돕고 식욕을 돋우는 효과가 있다고 합니다.

♣ 잎의 녹색이 선명하고 파릇파릇하면서 부드러운 것으로 고릅니다. 오래 보존할 수 없으므로 빨리 사용합니다. 사용하고 남은 것은 욕조에 넣으면 향이 좋은 입욕제가 됩니다.

이리치의 변신

▶ 참푸르, 응부시와 어깨를 나란히 하는 집밥의 반찬으로 빠질 수 없는 이리치는 '우리 집 안 마(엄마의 맛)'입니다. 말린 채소 등 보존이 가능한 재료로 만들기 때문에 '시장에 갈 수 없어서 냉장고가 텅 비었을 때' 도움이 되는 메뉴이기도 합니다.

익힐 때까지는 다소 시간이 걸리므로 한 번에 많이 만들어 상비해두었다가 각종 요리에 활용하면 좋습니다. 단지 한 가지 형태의 요리가 계속 나오면 질리기 쉬우니 매너리즘에 빠지지 않도록 연구하면서 요리하는 게 좋겠지요. 예컨대 달걀을 풀어 요리하기도 하고, 달걀말이 속에 넣기도 하고, 때론 영양밥 재료로도 이용해봅니다. 또는 잘게 썰어 햄버거나 완자에 섞어도 좋겠지요. 그런 변신이 가능한 것도 이리치의 매력이자 집밥이 주는 즐거움이라고 생각합니다.

이리치를 응용한 여러 가지 요리

다시마 이리치

> 복스럽게 먹는 것이 집밥식!

> 긴 다시마 혹은 마에 다시마(여리고 부드러운 다시마-옮긴이) 등 익히기 좋은 다시마를 사용합니다.

> 다시마와 돼지고기의 맛이 합해지면 각별한 맛이 납니다.

밑준비가 다 되면 25쪽의 '이리치의 기본'의 순서로 만든다. 어묵은 마지막에 넣는다.

재료(밑준비)

- 삶은 돼지 삼겹살 150g (사각으로 얇게 썹니다.)
- 어묵 50g
- 곤약 100g (물에 삶아 비린 맛을 없앤다.)
- 채 썬 다시마 건다시마는 70g (불리면 300g) — 살짝 씻어 10분 정도 물에 불려 물기를 뺀다. 다시마 불린 물도 남겨둔다.
- 육수 3½컵
- 식용유 적당량
- 간장 3~4큰술
- 설탕 1~2큰술
- 아와모리 1~2큰술
- 미림 1큰술
- 소금 조금

해초

가까운 바닷가에서 잡을 수 있는 것은 아사(파래-옮긴이), 모이(파래의 일종-옮긴이), 스누이(큰실말) 등. 다시마는 오키나와에서는 채취할 수 없습니다만, 다양하게 조리해서 많이 먹습니다.

아사국

> 산뜻하게 먹을 수 있어.

1. 냄비에 다랑어 육수를 끓인다.

> 아사는 너무 익히지 않도록.

아사와 두부를 넣고 소금, 간장으로 간을 맞춰 완성.

> 생강즙을 넣어도 좋아요.

> 차게 해서 먹어도 맛있습니다!

> 오키나와의 질그릇 속에서 소우주를 느끼게 해주는 아름다움이여!

재료(밑준비)

- 간장 조금
- 소금 1작은술
- 다랑어 육수 4컵
- 아사 적당량 (말린 것은 10g) — 물로 잘 씻어 모래를 깨끗하게 없앤 후 물기를 빼둔다. 물에 불린다.
- 두부 30g — 5mm로 깍둑썰기를 해둔다.

모이두부

> 얀바루(오키나와 본섬 북부 지역 중 산이나 자연이 많이 남아있는 곳—옮긴이)의 전통식입니다.

> 바다의 향이 그득합니다.

재료(밑준비)

- 모이 300g (건조한 것은 60g)
  - 물로 잘 씻어 모래를 깨끗하게 제거하고 물기를 빼둔다.
  - 물에 불린다.
- 당근 40g — 5mm 크기로 잘라 삶아둔다.
- 어묵 40g — 5mm 크기로 자른다.
- 말린 표고버섯 40g — 물에 불려 5mm로 네모 썰기.
- 돼지 로스 40g — 삶아서 5mm로 네모 썰기.
- 다랑어 육수 2컵
- 소금 1작은술
- 간장 1½작은술

육수 ½컵에 설탕 1작은술과 간장 1½작은술을 넣어 간이 배게 담가둔다.

1. 팬에 기름을 두르고 열을 가해 모이를 볶는다. 다랑어 육수와 소금, 간장, 그 밖의 재료를 넣어 섞는다.

> 모이는 가열하면 녹색이 변합니다.

당근, 말린 표고버섯, 돼지 로스, 어묵

2. 모이와 재료가 숨이 죽으면 틀에 부어 차게 해서 굳힌다.

3. 먹기 좋게 잘라 담는다.

> 도시락이나 반찬 통도 OK!

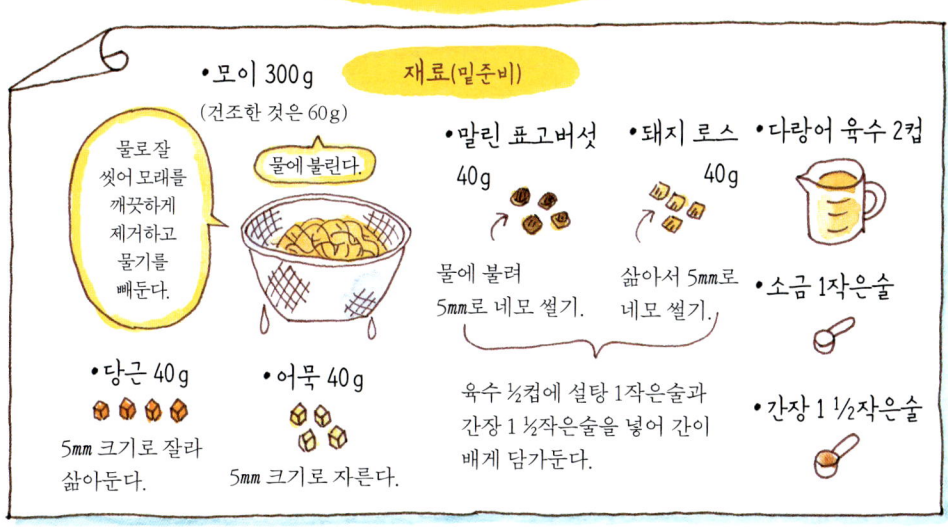

스누이의 여러 요리

> 국수 소스로 무쳐 차게 해서!

소면처럼

튀김
소스에 찍어서 그대로 먹어도 좋다!

쥬시

수프나 된장국으로도.

간 생강 오이
초 요리 (27쪽)

이왕이면 집밥으로!

▸ '요리'라는 단어를 사전에서 찾으면 '1. 재료를 손질해서 (맛있게) 먹을 수 있는 상태로 하는 것(혹은 그렇게 한 음식) 2. 만사를 잘 처리하는 것'(《신명해국어사전新明解國語辭典》)이라고 나와 있습니다. 맞습니다. 요리란 '먼저 소재가 있어야' 가능한 일입니다. 그래서 '냉장고에 남아 있는 재료'를 순식간에 '맛난 음식'으로 변신시켜버리는 사람을 보면 "진짜 요리 잘한다."고 감탄하게 됩니다. 경제적으로도 '식단을 짠 후 재료를 사서 모으는 것'보다 '그날 있는 것, 쉽게 구할 수 있는 것을 중심으로 식단을 짜는' 편이 좋습니다. 물론 그렇게 하려면 풍부한 경험과 센스, 실력이 필요하겠지요. 하루아침에 몸에 배지 않는 법이니까요.

그러나 그런 미숙함을 보충해주는 것이 지역에 전해 내려오는 향토 음식입니다. 향토 음식은 그 땅에서 나는 재료를 맛있게 먹기 위한 지혜와 연구의 결정체이기 때문입니다.

▸ 봄부터 여름에 걸쳐 오키나와는 해초의 계절입니다. 일전에 우리 집 근처의 해안에 나갔을 때 모이를 따고 있는 분을 만났습니다. 이야기를 걸어보니 얀바루 출신으로 모이를 따서 집에 가서 '모이 두부'를 만든다고 하더군요.

"어릴 적에는 가족이 총출동해 해초를 땄지요. 그래서 이 시기가 되면 '바다에 가고 싶다!'는 맘이 간절해집니다. 모이 두부도 어릴 적부터 만들어봤기 때문에 할 수 있는 거지요."

자연의 은혜로운 산물을 맛있게 먹으면서 가족을 떠올리다니 멋진 일이야, 하는 생각에 마음이 따뜻해집니다.

▶ 바쁜 일상 속에서 '오늘 밥은 뭘로 할까?' 고민 될 때면, 나는 향토 음식을 떠올려봅니다. 제철의 신선한 재료를 손에 넣으면, 그다음은 조상들이 시간을 들여 만들어준 레시피가 가르쳐줍니다. 참푸르, 응부시, 이리치에 무침 요리, 국에 밥 등. 이것 좀 보세요, 건강식에 영양 만점의 '집밥'이 완성되었네요. 아이들 마음에 '계절마다 맛있는 기억'이 남을 수 있도록 말이에요.

나오면서

이번 봄에 22년에 걸친 나의 오키나와 생활이 막을 내렸습니다. 지금이야 현 밖에서도 고야는 슈퍼마켓에서 구입할 수 있어서, 조금만 궁리를 하면 어느 정도는 집밥을 만드는 것이 가능합니다. 그러나 아치코코(갓 만든) 섬 두부나 순두부가 없고 한다마나 응쟈나도 간단히 구할 수 없습니다. 과연 향토의 가정 요리는 그곳에 살아야 쉽게 만들 수 있고 먹을 수 있는 법, 그 토지만이 주는 은혜라는 것을 절감하고 있습니다.

섬 채소를 중심으로 한 오키나와 요리책을 만들고 싶은 마음은 오키나와에 오기 전부터 이미 가지고 있었습니다. 무엇보다 오키나와만의 섬 채소를 향한 감동이 있었습니다. 개성 있고 건강하고 아름다운 섬 채소를 소박하게 그려보고 싶었지요. 다음으로는, 당시 아직 살아계셨던 아버지가 요리를 좋아했기 때문입니다. 오키나와만의 귀한 채소들로 만든 요리법을 책으로 만들면, 아버지가 좋아하면서 반드시 읽어보실 거라 생각했지요.

마츠모토 요리 학원의 문을 두드려 가정 요리와 류큐 요리를 기초부터 배우고, 그 심오함을 알아가면서 매력 넘치는 이 세계를 그려서 전해주고 싶다는 생각은 더욱 강렬해졌습니다. 오랫동안 장수 현으로 군림하고 있던 오키나와현의 남성 평균 수명이 4위에서 26위로 급락했던 적이 있습니다. 소위 '26 충격'이었지요. 위기를 맞고 있던 전통 식생활의 중요성이 그 충격을 계기로 다시금 대두되었고, 자녀의 음식 교육의 필요성도 주목받기 시작했습니다. 그런 사정들도 제 등을 떠밀었다고 생각합니다.

이번에 겨우 책이 완성되어갈 즈음, 기록을 거슬러 살펴보니, 맨 처음 편집자에게 기획서를 가져간 것이 2001년이었습니다. 오케이 사인을 바로 받았음에도 불구하고, 여러 가지 사정이 있어 휴면 상태였던 기간까지 포함하면 완성하는 데 15년이라는 세월이 지나고 말았습니다. 집밥으로 성장한 우리 아이들도 이미 오키나와의 둥지를 떠나 각자의 길을 걷기 시작했습니다. 아버지에게도 이 책을 보여드리는 것이 어렵게 되어버렸네요. 하지만 이나마 완성할 수 있었던 건 하늘나라로부터 아버지의 축복이 있었기 때문이 아닐까 생각합니다.

도중에 연재 기회를 갖게 해준《주간 홈 플라자》편집부 여러분, 그리고 오랫동안 나의 글쓰기를 기다려주고 격려해서 완성하게 해준 '보다 잉크사'의 에리카 씨에게 감사의 마음 가득합니다. 류큐 요리의 멋을 가르쳐준 마츠모토 요리 학원의 마츠모토 카요코 선생, 채소의 영양분에 관해 가르쳐준 마에다 오카히 씨에게도 머리 숙여 인사 올립니다.

이 책은 오키나와의 풍부한 식문화에 대한 경의로움을 담은 오키나와에서의 내 삶을 집대성한 것이라 할 수 있습니다. 수많은 친구들과 가족의 지지야말로 오늘에 이르게 한 힘이 되어주었습니다. 정말 고맙습니다.

うちなーごはんや ぬちぐすいないびたん!
오키나와 집밥은 생명의 약이었습니다!
いっぺーにふぇーでーびたん!
정말 고맙습니다!

2016년 8월
바다 건너에서 아치코코 섬 두부를 그리워하며,
하야카와 유키코

용어 풀이

간다바 고구마 잎

고야 여주

구루마 후 오키나와의 후

군보 우엉

나베라 수세미오이

나시비 가지

네리 오크라

누치구스이 생명의 약, 특별히 맛있는 것

당근 시리시리 채칼로 내린 당근 채 요리

디쿠니 무

디쿠니바 무 잎

마미나 콩나물

모위 오이 모양의 참외

모이 파래의 일종

모즈쿠 큰실말

무지 토란 줄기

미미가 사시미 돼지 귀 초무침

산 악귀를 쫓기 위해 참억새 등의 잎을 묶어 음식 위에 올려 두는 부적 같은 것

소키 시루 오키나와식 돼지갈비탕

스누이 오키나와산 큰실말

스쿠가라스 두부 소금절임한 스쿠, 즉 독가시 치어를 올려먹는 두부

시로아에 물기를 뺀 두부와 버무린 요리

시마나 갓

시부이 오키나와의 겨울 참외

시콰사 오키나와의 자생 감귤

아사 파래

아시티비치 족발탕

아지쿠타 음식의 깊은 맛

아치코코 갓 만들어서 뜨거운 것, 김이 모락모락 나는 것

아타이과 작은 텃밭

야치문 오키나와의 도자기

우치나 고항 오키나와 집밥

운최 타시야 공심채 볶음요리

운최 공심채

응무 고구마

응부시 제철 채소와 돼지고기, 섬 두부 등을 육수와 된장으로 조린 조림 요리

응스나바 근대

응쟈나 씀바귀

응카 수박

이리치 말린 채소나 뿌리 채소를 돼지고기와 함께 볶아 육수로 익힌 볶음 조림 요리

이쵸바 회향

이카스미 시루 오징어 먹물국

쥬시 오키나와식 죽

참푸르 섬 두부와 계절 채소, 돼지고기 등을 섞은 볶음 요리

쵸미구사 방풍나물

츠쿠다니 설탕이나 간장 등을 넣어 달짝지근하게 조린 반찬

치디쿠니 섬 당근

치리비라 부추

치무신지 돼지 간을 푹 삶은 자양식

치부루 오키나와의 박

치키나 타시야 소금절임한 갓의 볶음요리

치키나 소금절임한 갓

친콰 호박

콴소 원추리

쿠스이문 약이 되는 음식, 몸에 좋은 음식

키휘 오이

킨토끼 당근 쿄토 당근

타마나 양배추

타무지 논토란 줄기

탄무 논토란

한다마 스이젠지나

후린나 시금치

후치바 쑥

주요 참고 문헌

외간유키·松本嘉代子『食品と料理・おきなの味』(1989)ニライ社

「日本の食生活全集 沖縄」編集委員会編『日本の食生活全集47 聞き書 沖縄の食事』(1988)農文協

新島正子『琉球料理』(1971)新島料理学院・沖縄調理師学校

松本嘉代子『琉球料理全書1・すぐ役に立つ家庭料理』(1979)新星図書

新星図書編集部編『琉球料理全書2・ふるさとの伝承料理』(1978)新星図書

沖縄大百科事典刊行事務局編『沖縄大百科事典 上・中・下』(1983)沖縄タイムス社

新島正子『私の琉球料理』(1983)柴田書店

吉川敏男編者『沖縄食の大百科2・薬膳・薬草と薬草料理』(1991)沖縄出版

外間ゆき編者『沖縄食の大百科4・沖縄の食の素材と家庭料理』(1991)沖縄出版

沖縄タイムス社編『おばあんが伝える味』(1979)沖縄タイムス社

天野鉄夫『琉球列島植物方言集』(1979)新星図書出版

多和田真淳・大田文子『沖縄の薬草百科』(1985)新星図書出版

中田嘉久子・中田福市『これでわかる薬用植物』(1990)新星図書出版

タキイ種苗株式会社出版部編 芹澤正和監修『都道府県別地方野菜大全』(2002)農文協

三橋博監修『原色牧野和漢薬草大圖鑑』(1988)北隆館

伊澤一男『薬草カラー大事典』(1998)主婦の友社

黒川雄一『食材図典』(1995)小学館

レマン・パブリケーション編集『うないブックス2 体にいい野菜料理』(1992)琉球新報社

岸朝子と豊かな食を拓く会『岸朝子のおいしい沖縄の食卓』(2000)同文書院

渡口初美『沖縄の長寿食とふるさと伝統料理』(1990)国際料理学院

山本彩香『山本彩香の琉球料理 てぃーあんだ』(1998)沖縄タイムス社

編集室りっか編 渡慶次富子・吉本ナナ子料理『沖縄家庭料理入門』(2002)農文協

NHK「ちゅらさん」制作班編 尚承料理指導『ちゅらさんの沖縄家庭料理』(2001)双葉社

沖縄の食を教える会著・友利知子監修『長寿県沖縄の家庭料理』(2001)那覇出版社

嘉手川学編『沖縄チャンプルー事典』(2001)山と渓谷社

西大八重子『沖縄野菜の本』(2002)ビブロス

尚弘子監修『沖縄ぬちぐすい事典』(2002)プロジェクトシュリ

香川芳子監修『五訂食品成分表2003』(2003)女子栄養大学出版部

平良一彦監修『沖縄おばぁの健康レシピと長寿の知恵袋』(2010)エクスナレッジ

国立国語研究所編『沖縄語辞典』(1975)大蔵省印刷局

髙江洲義寛『おきなわのこどもあそびうた』(2002)ギカン文化施設研究所

『小学館の図鑑NEO 20 野菜と果物』(2013)小学館

『小学館の図鑑NEO 4 新版 魚』(2015)小学館

참고 웹 사이트

おきなわ伝統的農産物データベース	http://www.okireci.net/dentou/
おきなわ食材レシピねっと	http://www.okireci.net/
九州沖縄農業研究センター	http://www.naro.affrc.go.jp/karc/index.html
沖縄県農業研究センター	http://www.pref.okinawa.jp/arc/
沖縄クワンソウ普及協会	http://kuwansou.ti-da.net/

하야카와 유키코

1963년 도쿄에서 태어나 무사시노(武蔵野) 미술대학을 졸업했습니다. 1994년 봄부터 2016년 봄까지 22년간 오키나와에서 살면서 나하시에 있는 마츠모토 요리 학원에서 가정 요리과와 류큐 요리과를 수료했습니다.
다정함과 따뜻함이 묻어나는 삽화와 에세이를 신문 등에 연재하고 있습니다.
저서로는 《시마·나이챠(오키나와현 바깥 사람들-옮긴이)의 오키나와 산보(シマ·ナイチャーの沖縄散歩)》(2002년, 오키나와 타임스사)가 있습니다.

강인

오랜 시간 출판계에서 책 만들기에 힘써왔으며, 지금도 아동·청소년 도서와 인문서 등을 기획·출판하고 있습니다.
우리말로 옮긴 책으로《노아의 방주를 탄 동물들》,《할머니의 선물》,《쉿! 엄마 깨우지 마!》,《세계와 만나는 그림책》들이 있습니다.

오키나와 집밥

2018년 4월 20일 1판 1쇄

지은이 하야카와 유키코 **옮긴이** 강인

편집 최일주, 이혜정, 김인혜 **교정·교열** 한지연 **디자인** 홍경민 **마케팅** 이병규, 이민정, 최다은 **제작** 박흥기
인쇄 코리아피앤피 **제본** J&D바인텍

펴낸이 강맑실 **펴낸곳** (주)사계절출판사 **등록** 제406-2003-034호
주소 10881 경기도 파주시 회동길 252 **전화** 031-955-8558, 8588 **전송** 마케팅부 031-955-8595 편집부 031-955-8596
홈페이지 www.sakyejul.co.kr **전자우편** skj@sakyejul.co.kr
블로그 skjmail.blog.me **페이스북** facebook.com/sakyejul **트위터** twitter.com/sakyejul

ⓒ 하야카와 유키코 2018

값은 뒤표지에 적혀 있습니다. 잘못 만든 책은 구입하신 서점에서 바꾸어 드립니다.
사계절출판사는 성장의 의미를 생각합니다. 사계절출판사는 독자 여러분의 의견에 늘 귀 기울이고 있습니다.
이 책은 저작권법에 따라 보호받는 저작물이므로 무단전재와 무단복제를 금합니다.

979-11-6094-346-7 13590

이 책의 국립중앙도서관 출판시도서목록(CIP)은 다음 홈페이지에서 이용할 수 있습니다.
http://www.nl.go.kr/ecip(CIP제어번호: CIP2018008385)